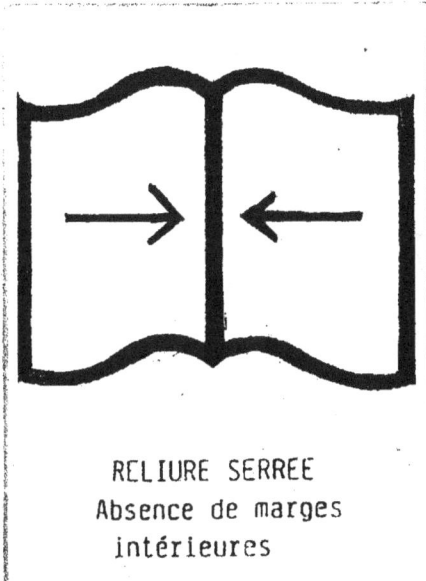

RELIURE SERREE
Absence de marges
intérieures

VALABLE POUR TOUT OU PARTIE DU
DOCUMENT REPRODUIT

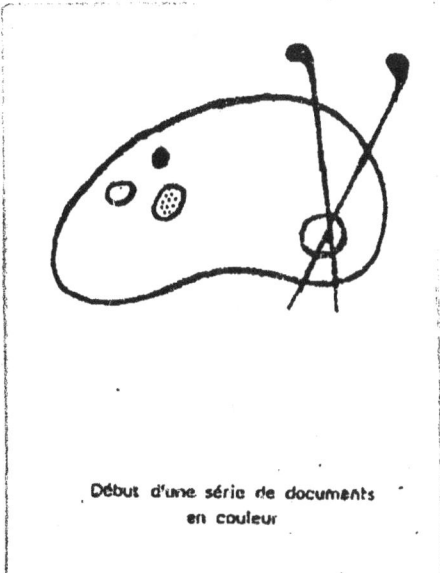

Début d'une série de documents
en couleur

ARSÈNE HOUSSAYE

MADAME
LUCRÈCE

PARIS
G. CHARPENTIER ET Cie, ÉDITEURS
11, RUE DE GRENELLE, 11

BIBLIOTHÈQUE CHARPENTIER
11, RUE DE GRENELLE, 11, PARIS
A 3 FR. 50 LE VOLUME

CHOIX DE ROMANS NOUVEAUX

WILLIAM BUSNACH ET HENRI CHABRILLAT
La Fille de M. Lecoq 1

FERDINAND FABRE
Toussaint Galabru 1

HECTOR FRANCE
L'Armée de John Bull 1

MARCEL FRESCALY (LIEUTENANT PALAT)
Mariage d'Afrique 1

AUGUSTIN LION
Le Castélou 1

GUSTAVE MACÉ
Un Joli Monde 1

HECTOR MALOT
Vices français 1

A. MATTHEY (ARTHUR ARNOULD)
La Belle-Fille 1

ANDRÉ THEURIET
L'Affaire Froideville 1

ÉMILE ZOLA
L'Œuvre 1

BOURLOTON — Imprimeries réunies, A, rue Mignon, 2, Paris. — 8804.

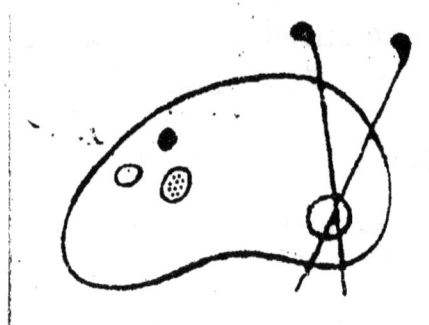
Fin d'une série de documents en couleur

MADAME LUCRÈCE

ŒUVRES DE ARSÈNE HOUSSAYE

Les Grandes Dames. Nouvelle édition. — 1 vol. in-18 (Charpentier).................................... 3 fr. 50
Le dix-huitième siècle. La Régence. — Louis XV. — Louis XVI. — La Révolution. Edition de bibliothèque en 4 vol. in-18 (sous presse). Chaque volume. 3 fr. 50
La Vie de Molière. 1 vol. in-folio, 50 eaux-fortes. 100 fr. »
Le Roi Voltaire. Sa jeunesse. — Sa cour. — Ses femmes. — Ses ministres. — Son Dieu. 1 vol. in-8, portraits... 5 fr. »
Histoire du 41ᵉ fauteuil de l'Académie. 20 portraits gravés, 1 vol........................... 5 fr. »
Le Drame des Champs-Élysées. 2 vol. in-18... 7 fr. »
La Couronne de bleuets. 1 vol. in-18, eau-forte de Théophile Gautier.......................... 3 fr. 50
Les Trois Duchesses. 1 vol. in-18............. 3 fr. 50
Histoire de Léonard de Vinci. 1 vol.......... 5 fr. 50
Les Larmes de Jeanne. 1 vol. in-18, portrait.... 3 fr. 50
Le Violon de Franjolé, 1 vol.................. 3 fr. 50
La Femme fusillée. 1 vol. in-18 (Charpentier).. 3 fr. 50
Poésies complètes. 1 vol. in-18 (Charpentier).... 3 fr. 50
Les Destinées de l'âme. 1 vol. in-8........... 5 fr. »
Mˡˡᵉ Cléopâtre. 1 vol. in-18.................. 3 fr. 50
Notre-Dame de Thermidor. 1 vol. in-8....... 5 fr. »

Sous presse :

Histoire des Coups d'État. 1 vol in-8.

MADAME
LUCRÈCE

PAR

ARSÈNE HOUSSAYE

PARIS

G. CHARPENTIER ET Cⁱᵉ, ÉDITEURS

11, RUE DE GRENELLE, 11

1887

MADAME LUCRÈCE

LIVRE PREMIER

LES DEUX SŒURS

I

Hélène se jeta à la mer avec délices, comme si elle eût ouvert ses beaux bras sur son idéal. Et quel idéal ! C'était l'absolu.

Mlle Aurore, une fille de chambre de haut style, une confidente de comédie plutôt qu'une servante, suivit sa maîtresse à distance; mais, après quelques brassées, Hélène la dépassa de cinquante coudées, Mlle Aurore prenant peur dès qu'elle s'éloignait du plancher des vaches.

« Madame est folle, murmura-t-elle, un de ces jours elle y restera. »

J'oubliais de vous dire que nous sommes aux bains de mer de Dieppe.

Au bout de deux ou trois minutes, les vagues qui soulevaient amoureusement Hélène la portèrent dans leur flux jusque vers une périssoire qu'un beau nageur gouvernait.

Ce nageur, un homme du monde et du meilleur, était M. Guy de Marjolé, diplomate en disponibilité, cherchant l'aventure aux bains de mer. Aussi ce ne fut pas sans un sentiment de chatouilleuse curiosité qu'il vit venir de son côté une femme qui nageait comme une naïade d'Homère.

Il rama vers elle en lui criant :

« Madame, prenez garde, il y a ici un courant terrible; vous seriez entraînée, donnez-moi la main. »

Hélène, qui avait beaucoup d'imagination, se crut à l'instant même entraînée.

« Je regrette, madame, de n'avoir pas eu l'honneur de vous être présenté, mais à la mer comme à la mer ! Acceptez donc pour un instant l'hospitalité dans ma périssoire.

— Pas du tout, » dit-elle.

Mais elle saisit l'aviron que lui tendait Guy. Et après avoir respiré :

« Je ne croyais pas la mer si dure aujourd'hui ; maintenant que je me suis reposée, je vais retourner au rivage. »

Tout en parlant, Hélène regarda le nageur. Elle lui trouva grand air et elle sentit le feu de son regard la pénétrer comme un rayon de soleil, quoiqu'elle fût aveuglée par les vagues furieuses.

« Madame, vous avez peut-être tort de ne pas monter un instant chez moi : vous voyez bien que la mer se fâche.

— Oh! rassurez-vous sur mon sort. Je suis une intrépide et j'aime l'impossible.

— Moi aussi, c'est pour cela que je vais vous suivre. »

Guy était émerveillé de la grâce onduleuse d'Hélène.

Il ne l'avait jamais vue, la reverrait-il ?

Voilà que tout à coup le courant, plus rapide, la ressaisit ; elle ne put dompter la vague. Comme elle était à bout de forces, elle disparut.

Guy, effrayé, se précipita de sa périssoire pour courir au secours d'Hélène; mais, pendant qu'il la cherchait sous la plus haute vague, elle reparut beaucoup plus loin, luttant avec héroïsme.

Quand Hélène retrouva, tout inquiète, Mlle Aurore qui s'était risquée plus que de coutume, sans toutefois perdre pied, elle retourna la tête et fit un signe de la main pour remercier son sauveur d'occasion.

« Madame, dit Aurore en reconduisant sa maîtresse à sa cabine, vous savez que j'ai eu peur; toutes les lorgnettes étaient déjà braquées vers vous. »

Sur ce mot, Hélène partit comme une flèche pour se cacher dans sa cabine. Quand elle en sortit, deux fois voilée, pour retourner à l'hôtel Royal, les curieux n'eurent pas le loisir de la voir de près. Elle prit le chemin des écoliers pour se dérober. « J'aimerais tant la mer dans le désert ! dit-elle; mais toutes ces lorgnettes me mettent en fureur. »

En arrivant à l'hôtel Royal, elle monta chez sa sœur la marquise Blanche de Virmont, pour lui dire qu'elle partait le soir même. « Pourquoi ?

— Parce que je veux surprendre mon mari : il devait arriver ce matin, il n'est pas venu, je ne veux pas être trompée sans le savoir.

— Tu es folle ! ton mari t'adore ; s'il ne vient pas, c'est qu'il a des affaires.

— Oh ! les affaires du Jockey-Club, je les connais ! Reviens-tu avec moi à Paris ?

— Non, le marquis s'amuse ici et mes enfants n'en sont qu'à leur douzième bain.

— Eh bien, tu me retrouveras à Paris dans huit jours ; du reste, je me baignerai une deuxième fois à quatre heures, pour dire adieu à la mer. »

Hélène pensait-elle au nageur de la périssoire ? La vérité, c'est que la figure de Guy était restée dans les yeux de cette intrépide. Les géographes n'ont jamais mesuré la distance des yeux au cœur.

II

Comme elle l'avait dit, à quatre heures Hélène se replongea dans la mer, toujours accompagnée d'Aurore.

Il y a foule sur le rivage, la mer sommeille nonchalamment dans ses vagues que le soleil irise en les baisant. On dirait une courtisane s'agitant mollement sur son lit, dans sa couverture verte, sous le bleu des nues. C'est l'heure du bain. On voit arriver sur la plage, deci, delà, les mondaines alertes, les bourgeoises essoufflées, les fillettes babillardes. L'œil des voluptueux ne poursuit que les naïades mondaines, alléchant spectacle des curiosités indiscrètes. Ce qu'ils n'ont pas vu au bal dans les cotillons affolés, ils le voient sur le rivage, car, si ces dames se baignent, n'est-ce pas un peu pour montrer à Dieppe ce que la mode ne leur a pas permis de montrer à Paris depuis le Directoire: leurs pieds dans des sandales et leurs jambes court-vêtues.

Chacune va droit à sa cabine pour une métamorphose tout aussi rapide que celles d'Ovide. Elles y entrent dans le premier déshabillé du matin, elles en sortent au bout de quelques minutes, cheveux au vent, dans ce costume traditionnel qui les sculpte à demi. Les libertins sont contents, leur regard court d'une jambe à l'autre, baise le cou et les bras, s'enroule dans les cheveux et se perd dans des contours plus ou moins arrondis, pour se noyer bientôt avec celle-ci ou celle-là dans le flot qui va l'envelopper et l'étreindre. Une fois à la mer, ce ne sont plus que des naïades, mais les curieux les attendent au rivage où, toutes mouillées, mieux sculptées par le costume, elles font valoir leur désinvolture en courant plus ou moins gracieuses sur les planches ou sur les galets. Combien de désirs entrent avec elles dans la cabine!

Je crois qu'aucun désir n'entra dans la

cabine d'Hélène : celle-là avait un si haut dédain des admirations de rencontre, qu'elle les jetait à ses pieds d'un revers de main et d'un regard de glace. Mais, ce jour-là, avait-elle pressenti qu'elle serait frappée de l'étincelle électrique? Elle était plus belle que jamais dans son costume bleu soutaché de blanc, ne comprimant pas ses beaux seins qui, par leurs pointes impertinentes, semblaient piquer une tête dans les vagues, ses cheveux abondants roulés en torsades. Et ses bras ronds et blancs s'agitant déjà comme pour saisir le flot, ses jolis pieds se jouant dans ses pantoufles !

Mais, si on la saluait belle au passage, ce n'était point pour le costume. On sait qu'il faut être trois fois belle pour ne pas paraître abominable dans cet accoutrement ridicule, que n'eût certes pas inventé la pudeur antique.

A Boulogne, les baigneuses se font conduire, par des voiturettes, jusqu'en pleine mer, ce qui leur permettrait de ne se point habiller du tout; mais les femmes bien faites ne vont presque jamais à Boulogne, elles aiment mieux, à Dieppe et à Trouville, risquer leurs jolis pieds sur le sable ou sur les cailloux, pour montrer leurs formes sculpturales.

Hélène n'y mettait pas de coquetterie. On l'avait tant admirée à Paris, dans le high life, qu'elle se souciait peu de montrer aux premiers venus la jambe la mieux faite et la croupe la mieux dessinée.

Elle avait peut-être tort, car une femme n'est-elle pas dans son droit quand elle prouve que Dieu est le plus merveilleux sculpteur, quand tant de femmes mal sculptées prouvent que la nature a manqué son œuvre?

Quand Hélène descendit de la cabine à la mer sur les planches, elle rencontra M. de Marjolé, qui, pour lui laisser le passage libre, se détourna sur les galets. Elle se détourna elle-même en le reconnaissant. Lui aussi reconnut Hélène et il la salua respectueusement, mais pourtant avec un sourire. Pourquoi rougit-elle, car elle n'avait pas rougi devant le nageur de la périssoire? C'est que, dans les vagues, on ne s'inquiète pas d'être rencontrée, tandis que, sur le passage étroit, improvisé dans les cailloux, une femme en costume de bain se trouve trop près d'un homme, même quand cet homme lui laisse le chemin libre. Et puis la belle baigneuse rougissait peut-être aussi parce que, malgré elle, cet homme avait marqué un souvenir dans son esprit.

Hélène ne se doutait pas qu'avant de partir elle reverrait encore M. de Marjolé ; mais la malice des choses le voulait.

A l'hôtel Royal, Mlle Aurore fit préparer dans le jardin — ce jardin sans arbres avec une pelouse de poupée — une table pour le dîner de sa maîtresse. Hélène vint bientôt s'asseoir devant cette table, retenant Aurore près d'elle. Vers la fin du dîner, un homme passa en s'inclinant, puis revenant sur ses pas :

« Madame, dit-il, j'apprends avec regret

que vous quittez Dieppe. A quoi va me servir ma périssoire?

— Ah! par exemple, dit Hélène, j'espère que vous ne vous figurez pas m'avoir sauvée des flots?

— Je n'en sais rien, vous étiez dans une mauvaise passe; j'en ai sauvé plus d'une moins en danger.

— C'est que celles-là ne savaient pas nager. Maintenant, monsieur, si vous voulez une médaille de sauvetage, je veux bien vous signer un certificat. »

Hélène voulait-elle savoir le nom de Guy?

« Madame, ce serait le plus beau de mes autographes.

— Aurore, donnez-moi une plume et du papier. »

Aurore obéit gravement. Hélène prit la plume.

« Aujourd'hui, 27 juin 1884, j'ai couru
« un grand danger en m'aventurant trop
« loin dans la mer, mais grâce à monsieur...

« Votre nom, monsieur?

— Monsieur de Marjolé, dit Guy en présentant une carte.

— C'est bien, dit Hélène en déposant la plume, voilà votre certificat, ce sera d'autant plus beau pour vous que vous ne m'avez pas l'air d'un monsieur qui sauve les femmes. »

Sur ce mot, Hélène se leva :

« Oui madame, dit Aurore, nous n'avons plus que cinq minutes. »

Guy s'inclina pour la seconde fois. Sans doute, son regard fut encore vif et pénétrant, car Hélène, qui riait de tout, ressentit au cœur un coup de poignard.

« Est-ce que celui-là va jouer un rôle dans ma vie? » se demanda-t-elle.

III

On sait qu'on arrive de Dieppe à Paris par le train de onze heures vingt minutes. Il était près de minuit quand Hélène rentra chez elle.

Chez elle, c'était un des plus jolis hôtels de la rue de Prony, le véritable *at home* bâti pour toutes les élégances modernes.

Elle voulait surprendre son mari et elle ne lui avait pas envoyé de télégramme. A son arrivée il n'était pas rentré. Très fatiguée par ses deux bains et par le voyage, elle voulut se coucher après avoir trempé deux biscuits dans un verre de vin de Porto.

Aurore commença à la déshabiller, mais tout à coup, en se rajustant :

« Non, dit-elle, je veux savoir où il est. Venez avec moi. »

Hélène n'attendit pas à la porte de l'hôtel

qu'une voiture vînt la prendre. Elles marchèrent vivement vers le boulevard de Courcelles, où Aurore héla un fiacre.

On fut bientôt à la porte du Jockey-Club. Le hasard donne toujours raison à la jalousie. Si Hélène était arrivée là cinq minutes plus tard, elle n'aurait pas assisté au spectacle que je vais peindre.

Vingt secondes avant elle, une femme était venue là dans un petit coupé à deux chevaux. Au moment même où Hélène arrivait, le chasseur s'était approché de la portière du coupé.

« Le comte de Briancour est-il là-haut? demanda une voix de contralto.

— Oui, madame.

— Allez tout de suite lui dire que madame Daly l'attend. »

Et le chasseur disparut.

Mme de Briancour, qui était descendue du fiacre et avait entendu ce dialogue, contint ses colères et remonta en toute hâte dans son carrosse d'occasion.

Le cocher lui demanda où il fallait la conduire.

« Demeurez ! » répondit-elle d'un ton absolu.

Il paraît que la dame du coupé était bien connue au Jockey-Club, car un monsieur qui descendait avant le comte de Briancour, la voyant nichée dans son coin comme une femme qui fait de la place à quelqu'un, vint la saluer en lui donnant la main.

« Briancour est là-haut? demanda-t-elle.

— Oui. Il est en train de perdre son dernier argent ; mais malheureux en cartes, c'est le bonheur en amour.

— Et vous, perdriez-vous votre dernier enjeu, pour ce bonheur-là ?

— Oui, si c'était vous.

— Flatteur ! vous n'en pensez pas un mot. »

La causerie dura ainsi quelques minutes, si bien que M. de Briancour descendant, déjà tout allumé de désirs, ne vit pas la dame qui l'attendait. Comme le fiacre d'Hélène se trouvait presque en face de la porte et que Georges était myope, il alla droit au fiacre. « Hélène ! »

Comme il avait de la présence d'esprit, il dit à sa femme :

« Vous êtes bien gentille d'être venue m'attendre ici, au lieu de m'attendre chez nous; c'est une demi-heure de gagnée.

— Oh! pas même une demi-heure, dit Hélène; quand je ne suis pas là, vous rentrez toujours à minuit; mais enfin j'avais hâte de vous revoir. »

Pendant qu'on débitait ces paroles pleines de foi, Aurore était descendue du fiacre. Il n'y avait donc pas d'obstacle pour que le comte y montât. Ce fut alors que la voix de contralto cria comme si l'on fût au bal de l'Opéra.

« Ohé! Briancour, est-ce que tu vas me faire poser longtemps comme ça ?

— Ne vous appelle-t-on pas ? dit Hélène à son mari.

— Moi! pas du tout. »

Grâce à l'obscurité, le mari ne vit pas sur la figure de sa femme toutes les colères de la jalousie, la femme ne vit pas sur la figure de son mari tout l'effarement de son âme.

Il y a des tragédies qui éclatent au grand jour et qui la nuit ne se révèlent pas, comme ces duellistes qui attendent sans impatience le lever du soleil.

« Que je suis heureux de cette surprise, dit-il à sa femme; si tu n'étais pas venue, je serais parti demain matin pour Dieppe. »

Et parlant au cocher, il lui ordonna d'aller rapidement rue de Prony.

Il voulut embrasser Hélène.

« Êtes-vous bien sûr, mon cher mari, que ce baiser me soit destiné? »

Quoiqu'elle se défendît un peu, M. de Briancour l'embrassa sur le cou.

« Soyons héroïque! » se dit-elle à elle-même.

La dame qui était venue chercher à deux chevaux M. de Briancour ne comprenait rien à cette comédie. Elle avait remis au lendemain les propositions galantes de l'ami de M. de Briancour, qui s'était éloigné en allumant un cigare. Elle le rappela quand elle vit tourner le fiacre qui emportait M. de Briancour; mais il était trop loin, et elle se trouva entre deux hommes fuyant chacun de leur côté. Ce n'est pas la peine de vous peindre sa rage : une horizontale qui allait perdre sa nuit !

On fut quelque peu silencieux pendant le trajet du Jockey-Club à l'hôtel ; on parla des plaisirs de Dieppe et des plaisirs de Paris. S'il fallait en croire M. de Briancour, Paris était un désert et Dieppe une oasis. Hélène, à chaque mot, donnait raison à son mari, qui s'étonnait bien un peu de la voir si douce, cette femme souvent altière ; mais c'était un parti pris qu'il ne comprit pas : quand la femme cache son jeu, elle le cache bien.

Aurore arriva devant l'hôtel en même temps que les époux. Hélène lui dit de la suivre dans sa chambre.

« Non, murmura M. de Briancour, nous

n'avons pas besoin d'Aurore, je te déshabillerai moi-même. »

On montait l'escalier.

« Non, pas ce soir, mon cher Georges ; je suis brisée ; figure-toi que j'ai pris deux bains aujourd'hui, le voyage par surcroît, je ne suis plus une femme, mais une momie.

— Tu t'imagines que je vais de mon côté ?

— Oui, tu viendras me réveiller demain matin. »

La maîtresse de la maison s'arrêta devant la porte de sa chambre, à côté du petit salon, tandis que la chambre de M. de Briancour était de l'autre côté du grand salon.

« Adieu, mon ami, lui dit-elle ; je suis très heureuse de t'avoir retrouvé ; bonsoir, je tombe de sommeil. »

M. de Briancour eut beau prier, on le laissa à la porte et l'on tira le verrou. Il s'éloigna tout furieux, de la même fureur que la dame au coupé à deux chevaux. Elle s'était trouvée entre deux hommes, il se trouvait entre deux femmes.

Quand Hélène fut seule avec Aurore, elle lui dit :

« J'espère que je suis arrivée à point.

— Oui, cinq minutes plus tard votre mari vous échappait.

— Vous savez que j'ai eu le courage de ne pas m'en apercevoir.

— C'est beau de contenir ainsi sa jalousie en face de sa rivale.

— C'est le devoir de la femme, car le jour où elle laisse voir qu'elle connaît les trahisons de son mari, c'en est fait de la dignité de la maison. »

Deux belles larmes mouillèrent les yeux d'Hélène.

Aurore tomba agenouillée devant sa maîtresse :

« Madame, vous êtes une sainte.

— Moi, une sainte ! je suis une femme.

— Ah ! si toutes les femmes étaient comme vous. »

IV

Georges de Briancour et Hélène Heurtemont étaient mariés depuis huit ans. Georges avait apporté dans la communauté une belle insouciance et un joli désœuvrement. A part son année de volontariat, il n'avait jamais rien fait. Le lycée de sa province ne gardait pas de lui un bien vif souvenir. Il était pourtant bachelier ès lettres, parce qu'il avait eu, le jour de son examen, plus de présence d'esprit que de savoir. Né gentilhomme, devenu gentil garçon, plus tard joli homme, il croyait naturellement qu'il avait le droit à ne rien faire, comme d'autres demandent le droit au travail. Il commençait à s'apercevoir qu'il n'était pas de son temps, il se voyait trahi par les idées et par la fortune; il ne se préoccupait guère du mouvement du siècle, croyant avec quelques-uns qu'après un pas en avant on fait deux pas en arrière, mais il se préoccupait de ses revenus, car il avait une fortune en terres : or les fermiers ne payaient plus qu'à moitié ; heureusement pour lui que sa belle-mère, qui avait vu le flux et le reflux de toutes choses, s'était entêtée à placer en rentes sur l'État les 800 000 francs de dot qu'elle donnait à sa fille, tout en protégeant cette dot par le régime dotal.

M. de Briancour était d'autant plus à la mode dans le monde parisien qu'il n'était bon à rien, non pas qu'il ne fût spirituel tout comme un autre, mais il était de ceux qui se disent : « La terre tournera bien sans moi » ; de ceux qui mangent du pain sans mettre la main à la pâte.

Il n'était ni bon ni mauvais, il passait indifférent dans la vie, aimant tour à tour les chevaux et les femmes, mais sans jamais se passionner. Il était resté trois ou quatre ans sous le charme d'Hélène. Ce charme amorti, il s'était retourné vers ses anciennes habitudes galantes, pour pimenter un peu ses jours d'ennui. Il ne pouvait suivre sa femme qui, dans la haute volée de son esprit, le laissait trop souvent en route. Les filles à la mode de Caen le trouvaient bien assez savant quand il avait rédigé un menu au café Anglais. Il marchait droit et fier, gardant les préjugés de la gentilhommerie. Il regrettait bien un peu de n'être pas resté soldat, car c'était son devoir, mais il jurait de se révéler si la guerre éclatait un jour : il avait prouvé dans trois duels qu'il ne sourcillait pas devant la mort. Si Hélène lui gardait plus ou moins son amour, c'était tout autant pour sa vaillance que pour sa figure, c'était peut-être plus encore pour sa grâce chevaleresque, car beaucoup de femmes y étaient prises.

« C'est singulier, disait Hélène dans son style imagé et pittoresque, quand je vois ses yeux, il me semble que je vois deux fenêtres qui s'ouvrent sur l'idéal, mais j'ai beau ouvrir les croisées, les oiseaux bleus se sont envolés. »

C'est qu'en effet, pareil à beaucoup d'hommes, M. de Briancour promettait de loin ce qu'on ne trouvait plus de près : à certains jours, Georges répandait des éclairs inattendus, aussi Hélène disait :

« Quel malheur que la paresse fasse la nuit sur son âme ! »

Et elle rêvait à débrouiller le chaos.

V

Le lendemain, au déjeuner, quand le valet de chambre eut servi le café pour monsieur et le thé pour madame, le mari dit à sa femme :

« Je vois avec plaisir que tu n'as pas un nuage sur le front. Dieppe t'a fait du bien, je te retrouve dans tout ton charme virginal.

— Oui, répondit Hélène, cela s'appelle la joie du cœur. Quand je pense qu'il y aura bientôt huit ans que nous sommes mariés.

— Je ne m'en doutais pas.

— C'est que toutes les saisons ont été la belle saison.

— C'est toi qui as fait la belle saison perpétuelle, c'est ta figure adorable, c'est la gaieté de ton esprit. Aussi je m'étonne presque, tout en admirant ta vertu, que tu n'aies rien donné aux autres, pas même une espérance, sinon pourtant au prince ***.

— Vois-tu, la vertu est comme un chapelet : si le fil se casse au premier grain, tous les autres tombent. »

Ici, Mme de Briancour s'efforça de masquer son ironie.

« Mais, toi-même, continua-t-elle, n'es-tu pas le plus fidèle des maris? la plupart de ces messieurs n'aiment que les conversations criminelles, tandis que toi, tu les dédaignes.

— Comment veux-tu que je suive tous les moutons de Panurge qui vont manger de l'herbe empoisonnée quand j'ai du sainfoin dans ma crèche ?

— Oh! nous retournons à l'âge d'or.

— Oui, ce qui ne m'a pas empêché, il y a un an, d'avoir peur d'être précipité par toi dans l'âge de fer, avec tes coquetteries pour le prince ***.

— J'avoue qu'il m'avait un peu grisée par son esprit; mais, si je m'étais égarée avec lui dans les bois comme dans les contes de fées, je me serais retournée vers toi en retrouvant les miettes de mon cœur.

— Et si tu ne t'étais pas retournée? »

Georges embrassa Hélène, qui se leva et lui prit le bras.

« Où allons-nous ?

— Dans ma chambre.

— As-tu peur ? »

Et une fois dans la chambre, Hélène alla ouvrir le premier tiroir d'un petit chiffonnier.

« Vois-tu ce flacon? si je t'avais trahi... »

M. de Briancour eut un tressaillement.

« Tu comprends?

— Non, je ne comprends pas, car ce n'est pas là une fin digne de toi.

— Aimerais-tu donc mieux que je me fusse jetée à l'eau ou que je me fusse précipitée du haut de mon balcon? Non, grâce à ce flacon, je serais morte chez moi, mais cachée à tous les yeux; toi seul, tu aurais compris. »

Et regardant Georges en face :

« Toi, si tu me trahissais, que ferais-tu?

— Je ne serais pas si tragique, je me jetterais à tes pieds et je te demanderais grâce. »

Hélène s'imagina que son mari allait se jeter à ses pieds et lui demander grâce, mais les maris ne demandent jamais grâce, car ils seraient toujours à genoux.

D'ailleurs Mlle Daly attendait M. de Briancour.

VI

Dans l'après-midi, tout en se retournant vers la quasi-aventure de Dieppe, Mme de Briancour se dit : « Qui sait? ce rêve de platonicienne c'est peut-être le salut pour moi. »

Le salut! elle était donc en danger avec le prince *** ? Arrivait-elle à cette phase critique de la vie des femmes où les plus vertueuses comprennent la pensée de la Rochefoucauld : « Il y a peu d'honnêtes femmes qui ne soient lasses de leur métier. »

Une pensée court-vêtue, qui dansait dans les ballets à la cour de Louis XIV, car les belles mœurs partent toujours de haut. Aujourd'hui les belles mœurs...

Si j'étais un petit cousin de la Rochefoucauld, je ne me préoccuperais pas ici de donner un péplum à la vérité contemporaine pour la présenter dans le monde, mais

3.

j'avoue que je n'ose la décolleter comme font si bien ces dames.

Hier encore, au bal de l'Hôtel de Ville, où j'ai rencontré des femmes de tous les mondes et de tous les styles, Borda, qui est lui-même de tous les mondes et de tous les styles, m'a présenté à deux belles dames tout idéales qui avaient chacune peint leur robe, des merveilles dignes de la médaille de l'exposition des aquarellistes. Ces très honnestes dames étaient d'un adorable décolletage.

« A la bonne heure, leur dis-je, la paresse vous a empêchées de faire monter vos robes plus haut.

— Non, c'est l'étoffe qui nous a manqué.

— Ah! tant mieux, puisque l'étoffe de la nature est si belle. »

Je suis bien forcé de dire aussi que l'étoffe me manque pour masquer la vérité.

Et comment la faire parler? Dans tous les âges les femmes ont péché par la curiosité, mais à qui la faute? Au mari ou à l'amant? Si Callimaque n'eût pas été un mari ennuyeux, si Phaon n'eût pas abandonné Sapho, Sapho se fût-elle jetée tout éplorée dans les bras d'Érinne? Aujourd'hui il y a beaucoup de « consolatrices des affligées ».

Au moment même où M{ème} de Briancour disait que M. Guy de Marjolé était peut-être le salut pour elle, Mme d'Obigny entra à l'improviste dans le petit salon.

« Ah! ma chère Hélène, comme je m'ennuyais; si tu n'étais revenue de Dieppe, j'allais mourir! »

Et la dame se jeta dans les bras de la comtesse.

« Ma chère Berthe, tu seras toujours une toquée. »

Hélène se dégagea pour tempérer l'enthousiasme de son amie.

« Oui, toquée de toi; mais toi, tu seras toujours un marbre.

— J'aime ça, le marbre, c'est blanc, c'est dur, c'est impénétrable. »

L'amie d'Hélène leva les épaules.

« Je disais ça aussi, mais je me suis fatiguée d'être en marbre. Tu m'as connue toute blanche, mais je n'étais qu'une statue de neige ; je me suis fondue au soleil.

— Au soleil des passions maudites.

— Tu y passeras comme tant d'autres.

— Jamais.

— C'est si amusant de braver les maris et de les mettre hors la loi.

— Tais-toi, tu m'épouvantes avec tes doctrines subversives, je ne vois que catastrophes autour de toi.

— Il y aura toujours des Messalines et des Lucrèces. Pour te prouver que mes doctrines sont innocentes, c'est que Lucrèce ne se fût pas donné un coup de poignard pour avoir dormi sur le même oreiller que Messaline.

— Peut-être !

— A propos, sais-tu la dernière histoire ?

— Ne me la dis pas.

— Allons donc! Tu lis des romans, n'est-ce pas? Eh bien, je n'en connais pas de plus étrange que celui-là. Tu sais que la baronne de Jenesaisqui adorait la comtesse de Jenesaisquoi. Elle va la voir un matin et la trouve au lit, pendant que le mari, un importun et un important, se pavanait au Bois sur un cheval aussi célèbre que lui, depuis que nous avons le livre héraldique des chevaux. C'était par un froid de loup. La baronne de Jenesaisqui se faufile sous le couvre-pied. Quoi de plus naturel? Deux amies du Sacré-Chœur, avec une H. Elles se content leurs infortunes ; toutes les deux sont trahies par leur mari, elles pleurent sur le même oreiller, elles ne font plus qu'une par le désespoir. Ah! comme j'aurais voulu être là pour pleurer avec elles.

— Toi, tu voudrais être de toutes les fêtes, dit Mme de Briancour.

— Oui, mais celle-ci a fini par un drame terrible. Le mari de la baronne est rentré sans dire gare, ce qui est toujours d'un homme mal élevé. Il ne veut pas qu'on pleure avec sa femme. Il a saisi par les cheveux la comtesse de Jenesaisqui. Il l'a entraînée jusqu'au haut de l'escalier pour la précipiter sur le marbre. La pauvre Jenesaisqui est rentrée chez elle tout enfiévrée, avec une horrible entaille au front. « D'où viens-tu ? lui demanda son mari effrayé ? — Tu sais bien que je viens de monter à cheval, avec la baronne. J'ignore ce que mon cheval avait ce matin ; il m'a précipitée contre un arbre. Mais je n'ai peur de rien : à la guerre comme à la guerre. »

Mme d'Obigny se reprit :

« Pauvre cher ange que cette baronne brune ! Et cette adorable comtesse blonde ! Son mari est le dernier des hommes. Il achève de nous dégoûter d'eux ; aussi, s'il ne divorce pas, il sera sganarellisé, tandis qu'il n'était que lesbonisé. Voilà un fier moraliste ! Si au lieu de trouver une femme dans la chambre de la comtesse, il eût trouvé un homme, il lui eût tendu la main ! »

En ce chapitre incohérent, je ne suivrai pas tous les méandres de la causerie. Mme d'Obigny expliqua qu'elle voulait fonder le club des femmes trahies. Mais Hélène remarqua que la plus décidée venait de mériter un bon point, puisque sa sœur avait dit d'elle : « Ma sœur se range, elle a pris un amant. »

Quand Hélène se retrouva seule après les divagations de son amie, elle jura que sa curiosité ne l'entraînerait jamais dans le club des femmes trahies, elle qui voulait mourir dans la blancheur des impeccables.

Mlle Aurore survint. Elle se permit de trouver étrange que Mme d'Obigny continuât encore à voir la comtesse, maintenant que toutes ses frasques couraient la chronique.

Hélène, qui se raillait des préjugés, permettait son franc-parler à Aurore, s'amusant des saillies de cette fille, qui d'ailleurs se faisait pardonner à force de cœur et quelquefois à force d'esprit.

VII

Aurore mériterait un petit croquis, non pas qu'on la trouvât jolie, mais c'était un caractère. Voilà pourquoi Mme de Briancour la considérait presque comme une amie de la maison. Elle l'appelait : « Mon chien, mon chat », lui faisant l'honneur de la mettre au rang des bêtes. Comme cette fille avait beaucoup d'esprit naturel avec un peu de l'esprit des autres, elle était flattée d'être classée parmi les bêtes qu'on caresse.

Élevée au château de Malval, ce qui excusait sa familiarité hardie quoique toujours respectueuse, Aurore avait aussi gagné les bonnes grâces de sa maîtresse par son art de jouer du violon, n'ayant pas eu d'autre maître qu'un vieux musicien de village, ce qui ne l'empêchait pas de jouer avec beaucoup de brio tous les anciens airs bourguignons.

C'était la fille d'un ancien lieutenant de cuirassiers, qui n'avait jamais trouvé le quart d'heure de convoler en légitime mariage, ce qui lui avait permis d'avoir des enfants de toutes les paroisses, car il n'avait pas attendu le rétablissement du divorce pour se séparer de corps et de biens d'avec ses trois ou quatre maîtresses ; en fin de compte, il était mort dans les sentiments d'un ivrogne de bonne maison, sans laisser autre chose à ses enfants qu'un dernier quartier de pension. Aurore avait hérité de sa croix, sa jeune sœur s'était parée de la médaille militaire ; les autres bâtards, déjà recueillis par la famille de leur mère, n'avaient hérité que du souvenir d'un père sans souci des devoirs paternels.

La plus jeune sœur d'Aurore, la seule qui fût restée à Paris, était une très jolie fille, qu'elle avait mise en apprentissage grâce à la protection de Mme de Briancour, chez une célèbre couturière du boulevard des Capucines. Comme la demoiselle était bien faite, elle jouait le rôle d'essayeuse. La plupart des femmes du monde enviaient ce corps sculpté par un maître.

Il faut être deux fois vertueuse pour échapper au péril dans les boutiques de modes, robes et chapeaux, puisque c'est le pays de la tentation. On va porter un chapeau ou une robe chez madame : c'est monsieur qui vous reçoit. Ou bien on se trouve en compagnie de demoiselles qui content leurs aventures et qui montrent leurs bijoux. Comment ne pas faire comme les autres, quand les autres s'amusent?

Mlle Rosalie était donc là en grand péril; mais, au lieu de se laisser prendre par un de ces messieurs, elle s'avisa de se laisser prendre par un violon de petit théâtre, frère d'une amie, coupeuse au magasin.

Je ne suivrai pas le mot-à-mot de cette passion. Ce qui devait fatalement arriver arriva : total, un enfant naturel de plus. A côté de cette addition, une soustraction. La maîtresse de la maison menaça de mettre l'essayeuse à la porte. Elle était bien dans son droit, puisque Rosalie ne pouvait plus donner des leçons de grâce aérienne.

Mlle Aurore intervint : « Comment, petite coquine, ce n'est pas assez d'être un enfant naturel, tu vas avoir un enfant naturel ? » Comme Aurore était une nature énergique, elle fit comparaître le violon et toucha les cordes sensibles, menaçant de les briser s'il ne reconnaissait pas sa chanson.

Le violon, vaincu par l'éloquence d'Aurore, déclara qu'il était tout prêt à reprendre le duo avec passion, mais il n'avait pas le sou. Comment marier deux misères ? Comment se mettre sur la paille sous prétexte de lit nuptial ?

Aurore rentra désespérée chez Mme de Briancour.

Quoiqu'elle n'eût pas l'habitude d'ennuyer sa maîtresse de ses affaires de famille, elle lui conta l'histoire.

« Ah ! madame, il joue encore mieux que moi du violon ! »

Hélène ne dit rien, mais le soir même, au dessert, elle avertit son mari qu'il lui fallait dix mille francs le lendemain matin pour aller chez sa couturière.

Le mari se récria :

« Comme tu y vas ! dix mille francs d'un coup.

— Mais ne suis-je pas la femme la plus sage de France ? La preuve, c'est qu'on m'appelle Cendrillon.

— Ce n'est pas moi, madame, car vous êtes la plus élégante de toutes les femmes.

— Eh bien, monsieur, donnez-moi dix mille francs. »

Pour la première fois depuis son mariage, le comte pensa que sa femme ne lui coûtait pas cher pour être si belle. D'ailleurs les huit cent mille francs de dot de la comtesse donnaient à la dame quelques droits au chapitre des chiffons.

Il promit les dix mille francs pour le lendemain.

Comme il partait pour aller au cercle,

Hélène lui dit : « N'allez pas perdre ces dix mille francs au baccarat. »

Quand il fut parti, Hélène dit à Aurore :

« Si le bonheur de votre sœur fait votre bonheur, si dix mille francs pour le baptême de l'enfant décident le père à le reconnaître en épousant la mère, soyez heureuse. »

Aurore était ravie.

« Mais, madame, un peu plus, dit-elle en se jetant à ses genoux, un peu plus je me ferais aussi aimer d'un violon, si je n'aimais tant madame. »

Ce n'était pas la première fois que la comtesse de Briancour mettait ses bonnes œuvres aux dépenses de la toilette.

Elle vit bientôt venir Mlle Rosalie, qui se confondit en remerciements.

« Comment, lui dit la comtesse, vous êtes-vous laissé prendre ainsi ?

— Ah ! madame, dit l'essayeuse, qui gardait toujours son franc parler, comme sa sœur, je voudrais bien vous y voir. Vous n'imaginez pas comme ces musiciens ont l'art

4.

d'attaquer les femmes avec leur musique. J'ai eu beau m'en défendre, il me jouait de si jolis airs sur son violon, que j'ai fini par tomber dans ses bras. Que voulez-vous? on dit que la musique apprivoise les bêtes. »

Et baisant les mains de la comtesse :

« Si j'ai une fille, me permettez-vous de l'appeler Hélène ?

— Dieu vous en garde! ce nom-là n'a jamais porté bonheur. »

VIII

Chaque fois qu'Hélène sentait la terre fuir sous ses pieds, elle se retournait vers sa mère. Cette fois encore elle partit pour la retrouver au château de Malval.

La mère d'Hélène et de Blanche, Mme Heurtemont, avait été à la mode vers la fin du règne du roi citoyen. Son père, un intendant militaire, fit bonne figure à la cour. Mme Heurtemont était de la société de Mme Duchâtel, de Mme Ladières et de Mme de Contades. Quoiqu'elle ne descendît pas de l'Olympe, elle avait grand air, aussi était-elle fort recherchée dans la haute bourgeoisie qui régnait alors. Elle aurait bien voulu être un peu duchesse, voilà pourquoi elle maria ses deux filles, l'une à un comte et l'autre à un marquis. Quoiqu'elle fût coquette avec une demi-beauté, elle n'eut point d'aventures; aussi quitta-t-elle, jeune encore, le monde

parisien sans trop de regrets. Dans ce temps-
là, les femmes de quarante ans se croyaient
hors de concours, ce qui doit paraître étrange
aujourd'hui où nous voyons s'épanouir tant
de femmes qui ont trois fois vingt ans.
Mme Heurtemont, aussitôt ses filles mariées,
deux ans après son veuvage, se réfugia en
Bourgogne au château de Malval, pas trop
loin de Dijon, tout près d'une petite forêt,
au milieu d'un parc bien dessiné par un jardinier qui avait le génie du paysage. Elle se
fit là une vie nouvelle, un peu silencieuse,
aimant les livres et réveillant au piano ou
sur la harpe les vieux airs de son beau temps.
Elle trouva aussi des distractions en bâtis-
sant deux pavillons au château, pour donner
plus de caractère à la façade qui était d'une
architecture trop effacée; deux fois par an,
à Pâques et à l'ouverture de la chasse, un
peu plus tôt, un peu plus tard, elle recevait
ses deux filles presque toujours accompa-
gnées de leur mari. Le reste du temps elle
ne voyait guère que le curé du village de

Malval et un vieux colonel, ancien ami de son mari, qui venait faire au château sa partie d'échecs, presque toujours en présence du curé, qu'il inquiétait par quelques taquineries de libre penseur. Comme toutes les châtelaines, Mme Heurtemont était la providence du pays, trouvant tout naturel de faire le bien sans se croire une sainte, toujours les mains ouvertes en disant, comme Fontenelle : « Cela se doit. » Çà et là, elle faisait une rapide apparition à Paris, mais plus courte d'année en année, s'y trouvant de plus en plus dépaysée. Il y a beaucoup de femmes qui n'ont qu'un temps et qui n'aiment pas à voir le temps des autres : aussi Mme Heurtemont retournait-elle dans son château pour y retrouver ses chers souvenirs.

Ce château de Malval était le château des souvenirs.

Hélène y repassa sa vie à vol d'oiseau. Elle se rappela ses pieuses années au couvent du Sacré-Cœur, pieuses années traversées par tous les songes des curieuses qui aiguisent leurs dents pour bien mordre aux espaliers de la vie. Elle se vit marchant à l'autel le jour de son mariage, dans un cortège de bénédictions et de railleries, car les choses les plus sacrées ne sont plus prises au sérieux. Elle se revit au milieu de ses triomphes mondains quand on disait : « Voilà la plus belle qui passe. » Elle se retrouva dans toute une légion d'amoureux qui tentaient l'aventure, mais qu'elle souffletait d'un coup d'éventail. Il n'y avait pas de plus terrible allumeuse de passions, mais il n'y avait pas de plus cruelle impeccable. Elle s'avançait gaiement jusqu'à l'abîme, elle y précipitait l'amoureux, mais elle n'y tombait pas. Il fallait voir avec quelle cruauté elle écoutait les cris désespérés de tous ceux qui s'étaient risqués devant ses coquetteries insatiables.

Ce jeu l'avait bien amusée, mais on ne peut pas toujours jouer le même jeu. Elle avait sauvegardé son cœur parce qu'elle avait

voulu sauvegarder son âme, sans se douter
que, tôt ou tard, elle finirait peut-être par
tomber elle-même dans la gueule du loup.
Jusque-là, elle s'était contentée de quelques
fantaisies passagères qui n'avaient effleuré
que ses lèvres; mais la passion, qui a raison
de tout, même de la raison, devait prendre
un jour sa revanche.

Or Mme de Briancour en était arrivée à
cette heure de crise suprême où la femme la
plus forte veut être vaincue. Elle se souvint
alors des folies de sa sœur et de beaucoup
de femmes de son monde.

Jusque-là Mme de Briancour n'avait aimé
ni le ciel ni l'enfer. Tout en s'ennuyant
quelque peu dans la vie, elle s'était contentée d'être au milieu des plaisirs mondains
la femme de son mari. Paresseuse devant
les tentations, sceptique devant les voluptés, elle se disait : Il y a peut-être quelque
chose là. Mais voyant autour d'elle tant de
naufragées elle ne songeait pas à quitter le
rivage.

A force de regarder en avant, on a peur du lendemain, surtout quand on est belle. Le jour viendra où le feu ne jaillira plus de ces beaux yeux, où cette chevelure blonde sera marquée par des fils d'argent, où ces dents superbes n'auront plus l'éclat des perles, où ces joues si vivantes seront sillonnées par la première ride. Qui sait si l'on gardera sa désinvolture? Le temps a toutes les tyrannies d'un maître. Qu'est-ce que la beauté, sinon une esclave du temps? Et, si l'on a perdu ses belles journées, on aura beau se retourner, on ne les retrouvera pas.

« Tant pis, dit la comtesse, je ne puis m'éterniser dans l'ennui; il en sera ce qui pourra, je jouerai un jour mon va-tout. »

Les grandes dames du dix-huitième siècle ne parlaient pas mieux à la cour de Louis XV, seulement le mot va-tout avait pour elles un sens plus canaille.

Mme de Briancour était née en plein second Empire, dans la fièvre de tous les luxes et de toutes les passions; son père libertin de haute volée, sa mère une sainte femme. Le libertinage de son père n'était jusqu'ici représenté en elle que par le libertinage de la pensée. Elle s'était complue dès ses jeunes années à parcourir la gamme amoureuse avec le même sentimentalisme, le même brio, le même emportement, la même légèreté qu'elle en montrait en jouant du piano. On la voyait souvent toute pâle, la bouche en feu, les yeux cernés après s'être égarée dans Mozart, Weber ou Gounod, mais c'était de l'art pour l'art. Il semblait que ce déchaînement du cœur, qu'elle devait à son origine paternelle, fût tout à coup calmé sous la main chaste de sa mère.

Comme curieuse, elle avait hanté les savants, les psychologues, les physiologistes, leur demandant l'énigme du passé, les sources de son sang et l'histoire de ses idées. Était-elle plutôt fille de son père que de sa mère?

« Mon Dieu, lui avait dit un savant, vous avez vu que la Marne se jette dans la Seine :

il est bien difficile de dire à Paris si l'eau de la Marne est meilleure que l'eau de la Seine, si elle est plus pure ou plus limoneuse. Il est certain qu'à Paris, en buvant l'eau de la Seine, vous buvez aussi l'eau de la Marne. Tout enfant tient de son père et de sa mère.

— Mais d'où vient, dit alors Mme de Briancour, que ma sœur ne me ressemble pas du tout?

— Eh bien, c'est que madame votre sœur est de la Marne et que vous êtes de la Seine. En effet, votre sœur est blonde comme vous êtes brune. Elle est silencieuse...

— Je comprends, et je suis babillarde.

— Vous êtes toute en dehors à force d'esprit. Au moral je vois en vous le portrait de votre père, tandis que madame votre sœur, qui est le portrait de sa mère par l'air de tête, par les chastes attitudes, par les yeux qui semblent noyés dans le ciel... Vous me comprenez?...

— Non, » dit Mme de Briancour, qui comprenait bien.

Elle ne voulait pas que la vérité fût dite tout haut sur la marquise de Virmont, une grande pécheresse sous les dehors d'une sainte. Elle le voulait d'autant moins que les frasques de sa sœur étaient encore toutes mystérieuses.

Cela s'est vu souvent : deux sœurs, deux contrastes, deux caractères qui font mentir le philosophe ancien, quand il disait : « Toutes les femmes sont la même. »

Toutes les femmes sont filles d'Ève, puisque toutes ont soif d'idéal et croquent la pomme de leurs dents gourmandes, mais elles ne se ressemblent pas plus par l'âme que par la figure. Si l'on cherche bien dans les mondes évanouis, on reconnaît que toute contemporaine a des airs de famille avec des femmes de la Renaissance, du moyen âge, du monde biblique et du monde olympien : l'une rappelle Lucrèce, l'autre Messaline, celle-là Cléopâtre, celle-ci Diane de Poitiers. Mais encore combien d'oppositions en chacune d'elles.

Mme Blanche de Virmont comptait ou ne comptait pas dix ans de plus que sa sœur, mais depuis longtemps déjà elle était dominée par l'intelligence d'Hélène, ce qui d'ailleurs ne l'empêchait pas de chavirer souvent dans les vagues tourmentées de la vie parisienne. Sa fille elle-même, qui touchait déjà à sa dix-huitième année, ne lui servait pas de point d'appui; elle avait beau jeter l'ancre dans le ciel, car elle était très dévotieuse, son navire faisait eau de toutes parts.

Et pourtant cette belle et douce Éliane, qui apparaissait à tous comme l'ange de la vertu par les lignes idéales de sa figure, par la chasteté de son regard bleu, par la candeur de sa bouche, aurait dû ramener sa mère vers les sources vives où se retrempe le cœur.

Si la comtesse de Briancour était la plus jolie des Parisiennes, la marquise de Virmont était la plus belle. C'est trop dire pour toutes les deux, mais elles trompaient bien leur monde au premier abord, surtout la marquise, parce qu'en se donnant des airs de haut dédain, elle prenait je ne sais quoi de la statue antique, ce qui faisait dire souvent : « Cette femme est un marbre. » Mais, si l'on y regardait de tout près, comme font les peintres et les sculpteurs, on s'apercevait que les lignes n'avaient pas le vrai caractère du grand style grec. Qu'importe, puisqu'elle avait le trompe-l'œil pour les salons de Paris? D'ailleurs elle n'eût pas voulu poser pour les déesses ; bien plus volontiers elle eût posé pour les saintes.

Vue du dehors, c'était une femme toute en Dieu, à peine connue par ses œuvres de charité. On ne citait son nom — depuis qu'il y a des reporters — qu'à propos des sermons du père Monsabré.

Il semblait que les deux sœurs ne fussent pas de la même famille : il y avait aussi loin de l'une à l'autre que d'une Vénitienne à une Transtevérine. Pour la galerie, Mme de Briancour jetait quelque peu son bonnet par-dessus les moulins, Mme de Virmont s'encapuchonnait dans le confessionnal.

Une fois par quinzaine, les deux sœurs dînaient ensemble, tantôt chez l'une, tantôt chez l'autre.

« Tu es toujours folle! disait la dévote.

— Et toi, tu es toujours sage! » disait la sceptique.

Et Mme de Briancour faisait cette réflexion, qu'après tout elles se retrouveraient ensemble au même but, c'est-à-dire devant saint Pierre :

« Toi, avec les mains pleines de bonnes actions, moi avec les mains pleines de bonnes intentions. »

Mme de Briancour riait comme une folle, Mme de Virmont souriait, levant les yeux au ciel.

Et tout était dit entre les deux sœurs.

Mme de Virmont était toujours vêtue en demi-deuil, comme si elle pleurât la jeunesse, comme si elle n'espérât plus rien de la vie. Le noir était d'ailleurs en harmonie avec la sévérité de sa figure. Elle s'aventurait jusqu'au ton mauve, mais elle fuyait le bleu comme le rose. Au bal, où elle allait à son corps défendant, elle se montrait en robe blanche, jupe en crêpe relevée par des nœuds de dentelle noire, semée de bouquets de lilas ou de violettes de Parme, non pas cueillies chez les fleuristes, mais chez les marchands de fleurs. Elle avait horreur des chevelures bruyantes, aussi était-elle la seule qui se coiffât à la vierge. Dans son portrait, Cabanel avait eu toutes les peines du monde à lui soulever un peu les cheveux. Avait-elle tressailli sous les doigts du peintre comme la Joconde sous les doigts de Léonard de Vinci?

Elle avait beau fuir la lumière et le tapage, dès qu'elle paraissait, tous les yeux tombaient sur elle. C'est si rare de voir une femme qui foule d'un pied dédaigneux le champ de course des adorateurs! Elle allait toujours se placer au milieu des femmes, pour se faire un rempart contre les hommes.

Elle poussait en avant les plus provocantes — ouvrages avancés qui essuyaient le premier feu. — Quand se faisaient les premières brèches, vers le milieu de la soirée, elle sortait de la place comme par une porte dérobée. A peine avait-elle reçu quelques coups de feu par ricochet.

« Tiens, avait dit un jour un diplomate qui choisissait le coin des femmes pour faire son chemin, Mme de Virmont est partie. Quelle bonne fortune! La température est déjà plus clémente. Cette femme, c'est l'hiver lui-même; on devrait envoyer toutes ces vertus-là dans le pays de la neige. »

Un autre diplomate, beaucoup plus expérimenté, avait répondu d'un air discret :

« Vous ne connaissez peut-être pas bien les femmes, mon cher; il y a des volcans qui grondent sous la neige. »

On demandait au même diplomate son opinion sur Hélène :

« Oh ! pour celle-là, dit-il, l'explique qui pourra : plus je l'étudie et moins je la connais. Son mari ne la connaît pas mieux que moi. Et je suis bien sûr qu'elle ne se connaît pas elle-même. Ne devenez pas amoureux d'elle, car vous seriez réduit en cendres par son éclat de rire. »

Hélène était depuis quelques jours au château de Malval, quand Mme de Virmont y arriva elle-même. Quoique ces deux natures fussent les plus opposées, elles avaient beaucoup de plaisir à se retrouver : Hélène aimait la figure de Blanche comme Blanche aimait la figure d'Hélène. Elles avaient toujours mille et une choses à se dire, démasquant cœur et âme, sachant bien que ce n'était pas semer leurs pensées sur une terre ennemie. Hélène était toute en dehors, Blanche toute en dedans, mais elle n'avait rien de caché pour sa sœur, à cela près qu'elle ne lui contait ses aventures amoureuses que jusqu'à l'avant-dernier chapitre; mais Hélène ne s'y méprenait pas.

Ce fut avec une vraie joie que Mme de Briancour se retrouva avec sa mère, sa sœur et surtout sa nièce, car elle n'aimait rien tant que la vue d'Éliane en sa dix-huitième année. Déjà la beauté de la jeune fille resplendissait, quoiqu'un accent bien candide encore traversât cette adorable figure. Hélène trouvait doux de voir en ses beaux yeux bleus tout le reflet de son âme. Il lui semblait cueillir un bouquet tout virginal de candeur et de chasteté. Quoi de plus beau que la jeunesse de femme quand elle est l'image de toutes les vertus? C'est surtout à dix-sept ans que les jeunes filles expriment le caractère divin quand l'amour n'a pas encore troublé, par le sillage de sa barque pavoisée, le lac si pur d'un cœur virginal.

Mme de Briancour appelait souvent Éliane chez elle, la priant, sans la contraindre, de lui jouer au piano les mélodies qu'elle aimait. Elle la retenait au coin du feu pour lui faire dire ses rêves, ses espérances, ses illusions. Quand on les surprenait toutes les deux, la comtesse ne manquait pas de s'écrier :

« Oh! quel malheur, vous allez changer mon atmosphère. »

C'est qu'Éliane répandait autour d'elle l'air vif des Alpes, des neiges éternelles, des forêts idéales.

La nièce adorait la tante comme la tante adorait la nièce. C'était un culte. Pour Éliane, tout ce que disait sa tante était paroles d'Évangile; elle ne rêvait rien de plus beau que la comtesse, quoique la comtesse fût plus charmante que belle. Aussi ne s'ennuyait-elle jamais à l'hôtel de Briancour. Elle s'y amusait plus encore les jours de solitude et de tête-à-tête que les jours où il y avait du monde. La tante avait un grand art de l'initier à la vie par des histoires bien trouvées, contées gaiement, sans jamais inquiéter la pudeur de la jeune fille. Éliane disait souvent à la comtesse :

« Ma tante, si jamais je me marie, je ne veux tenir un mari que de votre main.

— Un mari, ma belle Éliane, il n'y en a pas au monde qui soit digne de toi; mais enfin, si j'en trouve un, je te le présenterai et je crierai au miracle. »

Ce miracle fut un cinquième acte de tragédie antique.

Éliane, qui aimait d'autant plus son père que sa mère l'aimait moins, jugeait en pensant à lui qu'il y avait encore de bons maris.

Le marquis de Virmont était un homme de la vieille France, mais point du tout ennemi de la France moderne. Il semblait qu'il eût été à l'école de Henri IV. Diable à quatre un peu rond, trop épanoui, il prenait à la vie ce qu'elle avait de meilleur, sans se pencher sur les misères humaines. Homme de devoir, d'ailleurs, il avait passé par l'École de Saint-Cyr pour marquer son nom à l'armée, selon les traditions de sa famille. A son grand regret, il n'avait pas rencontré l'ennemi sur son chemin et il avait renoncé à l'héroïsme platonique, après quelques années passées gaiement en Afrique. S'il se maria, c'était bien un peu pour faire comme tout le monde, mais c'était aussi pour la beauté de Mlle Blanche Heurtemont. On lui reprocha alors de se mésallier pour de l'argent, ce qui était absurde, puisqu'il pouvait trouver dans son monde des héritières plus riches. Une fois marié, il continua bien un peu sa vie de garçon, sans s'apercevoir que sa femme prenait du goût à la solitude. On lui fit entrevoir çà et là que c'était la solitude à deux, mais il ne voulait pas croire qu'il fût de ceux dont on fait des Sganarelles. Pour douter de sa femme, il aurait fallu qu'il la surprît dans les bras d'un amant. Mais la marquise était de celles qui jouent bien leur jeu. Il n'avait donc aucun souci sur ce chapitre, d'autant moins que sa femme — pour faire pénitence — vivait avec lui souvent en son château des Ardennes, l'accompagnant dans ses promenades à cheval, chassant avec lui et lui tenant tête aux échecs. En un mot, une femme parfaite, à cela près que, de loin en loin, elle lui échappait comme un oiseau, pour une aventure qui n'avait pas de lendemain.

C'étaient là des aventures toutes parisiennes, qui se cachaient sous le manteau bleu de la religion. Le marquis était quelquefois méditatif, mais c'était pour le menu de son dîner. Il n'y avait pas de plus aimable gourmand, car il avait la science et l'estomac. Il ne permettait pas qu'on l'ennuyât à table, il n'acceptait à dîner que chez les gens qui dînaient bien : sinon Lucullus dînait chez Lucullus. Il n'avait qu'un souci : ne pas devenir gras; mais, par malheur, il se préoccupait à toute heure des plaisirs de la table. On n'a jamais vu un homme mieux truffé. Il alla trois ou quatre fois à Marienbad sans y laisser son ventre. Il finit par s'y habituer, d'autant mieux qu'il était toujours quelque peu dans les griseries du cigare, du Château-Yquem et du vin de Champagne, car s'il déjeunait au Château-Yquem, il dînait au vin de Champagne, ce qui ne l'empêchait pas d'avoir un goût très prononcé pour le Clos-Vougeot et le Château-Laffitte. Il faut dire à sa louange qu'il ne se nourrissait que de choses exquises ; aussi le citait-on comme un beau viveur.

Le marquis était de ceux dont on dit avec quelque raison : « S'il y a un homme heureux, c'est celui-là. » En la première année de son mariage, sa femme lui donna une fille. Sept ans après, elle lui donna un fils. Deux enfants superbes : Éliane, douée de toutes les beautés ; Alexandre, promettant d'être un homme.

Mais combien d'aubes lumineuses annoncent un soleil qui ne rayonnera pas !

IX

Les deux sœurs faisaient belle figure dans le monde, mais elles n'avaient pu effacer leur origine bourgeoise, ce dont elles avaient tort de s'émouvoir ; la société parisienne est ainsi faite, qu'elle cherche toujours dans les femmes s'il n'y a pas de la fausse monnaie. On pourrait supposer que la fausse monnaie dans les salons, parmi les femmes, c'est le contraire de la vertu, qui est tout or ! Point du tout. La fausse monnaie, c'est le sang rouge à côté du sang bleu.

Ainsi, un jour qu'un prince, saluant Mme de Virmont et Mme de Briancour, disait galamment : « Voilà le coin des duchesses », une vraie duchesse, qui avait une figure vulgaire, ne manqua pas de dire : « Des duchesses, allons donc ! leur grand-père était un marchand de ferraille et leur grand'mère une marchande de dentelles. »

Les deux sœurs étaient exaspérées de ces façons de juger les races. Aussi Mme de Briancour disait-elle un jour, comme l'Arlequin de la comédie italienne : « Toutes ces niaiseries-là viennent de ce que notre père Adam n'a pas acheté une charge de secrétaire du roi, puisque alors nous serions tous nobles. »

Elle disait aussi :

« Pour ce qui est de la noblesse de robe, je défie une princesse de mieux porter la sienne que moi. Pour ce qui est de la noblesse d'épée, je trouve que tous ceux qui se battent pour leur patrie, le soldat comme le général, ont droit à la même place dans le livre héraldique : le blason, c'est le cœur, le champ de gueules, c'est le sang. »

Le prince Napoléon donna un soir raison aux deux sœurs :

« Je ne comprends pas, dit-il avec sa loyale brutalité, qu'il y ait encore des imbéciles qui s'inquiètent des titres. »

Mais Hélène, qui connaissait bien son monde, dit au prince :

« Je voudrais bien vous voir, prince, devant des gens qui ne vous donneraient ni du prince ni du monseigneur.

— Eh bien, madame, appelez-moi *monsieur*, et j'irai ! »

Je crois bien que ce fut la belle marquise de Virmont qui s'avisa d'appeler le prince *monsieur*, mais je ne sais pas s'il y alla.

Quoique les deux sœurs fussent invitées partout, elles étaient souvent délaissées par les bégueules au sang bleu; c'est peut-être pour cela qu'elles battaient le rappel du côté des hommes. Il n'y avait pas de plus charmantes causeries que celles que présidaient Blanche et Hélène. Là était leur vengeance.

X

Hélène était effrayante par sa pénétration. Nous ne montrons que la moitié de nous-même, nous faisons la nuit sur tout ce que nous voulons cacher. Pas un homme, pas une femme ne dévoile son cœur tout entier. Le philosophe a dit : « Combien de femmes qui se mirent toute la journée et qui n'oseraient regarder leur âme face à face ! » Hélène osait regarder son âme, parce qu'elle n'avait pas à rougir de ses actions ni de ses pensées. Elle osait aussi regarder face à face l'âme des autres, arrachant les masques sans pitié.

Elle avait lu à livre ouvert dans le cœur de Blanche, mais elle ne comprenait pas bien.

Écoutons cette conversation quelque peu étrange, mais pourtant bien vraie, qui ouvre des perspectives lumineuses sur les mystères du cœur féminin.

Un jour que les deux sœurs étaient seules dans le petit salon du château, Hélène dit à Blanche :

« Tu as pleuré ! pourquoi ? »

Mme de Virmont essaya un sourire railleur.

« Tu sais bien que je pleure mes péchés.

— Ne dis donc pas de bêtises, on ne pleure jamais ses péchés, à moins qu'on ne regrette de ne pouvoir les recommencer.

— Tu dis cela parce que tu es une impeccable, parce que tu ne sais pas toutes les tristesses et les déchéances de la femme.

— Allons donc ! je n'ai jamais vu que les pécheresses fussent si tristes que les femmes vertueuses.

— Tu ne m'as pourtant jamais vue bien gaie.

— Parce que tu es une mélancolique.

— Mes tristesses viennent de mes défaillances, je suis comme la femme de Barbe-Bleue, ou comme lady Macbeth, qui ne parviennent jamais à laver les taches de sang de la clef et de la robe.

— Voyons, j'ai saisi au passage quelques-unes de tes aventures, mais je ne t'ai jamais étudiée au fond de l'âme : puisque je ne te cache rien, tu peux bien me dire ta vie amoureuse; alors je saurai pourquoi tu pleures. »

Blanche soupira :

« Eh bien, ma chère Hélène, je suis une victime de la fatalité. On parle du magnétisme, de l'hypnotisme, du suggestisme ; bien avant qu'on en parlât, je subissais cette force inconnue de l'homme sur la femme. C'est vainement que je luttais de toutes mes forces, car après les heures de lutte, je tombais inanimée dans l'ivresse des sens : il m'eût fallu un maître, un tyran, un tout autre mari que le mien. M. de Virmont est, comme tu l'as dit, une grosse bête d'esprit qui roule gaiement dans la vie sans avoir d'action sur personne, sur moi moins que tout autre. Je suis arrivée à lui dans les blanches virginités de la jeune fille ; il m'a aimée à sa manière, mais ce n'était pas la mienne. Au lieu de trouver un despote, j'ai trouvé un esclave qui a fait toutes mes volontés, à cela près qu'il s'est laissé prendre par les petites demoiselles d'Opéra, car c'est un marquis de l'ancien régime. Mais je suis trop de bonne foi pour te dire que si je me suis donnée par vengeance, je me suis donnée... »

La marquise de Virmont prit la main de sa sœur.

« Je me suis donnée, parce que ma passion a été plus forte que ma raison. Un poète a dit après Boileau :

Le corps est un esclave et ne doit qu'obéir.

« Obéir à qui? A l'âme. Mais que veux-tu? quand je suis grisée par l'amour, je me retiens à toutes les vertus, mais mon âme est étouffée au premier baiser.

— Je te comprends, dit Hélène, quoique je ne subisse pas ce magnétisme, mais, sans doute, parce que je n'aime pas; j'ai eu jusqu'ici quelques caprices de cœur, mais de simples feux de paille qui ne me brûlaient pas. Tu as donc bien souvent été amoureuse ?

— Oui, trop souvent! J'avais beau vouloir m'en défendre, j'avais beau traverser les églises pour me désendiabler, j'avais beau penser aux devoirs du mariage et de la maternité, l'idée de ma fille elle-même ne me rejetait pas hors des tentations, l'aiguillon terrible me piquait au cœur, et je pâlissais dans mon égarement comme une inassouvie. »

Mme de Virmont se cacha la figure.

« Mais, lui dit Hélène, c'étaient seulement des crises passagères.

— Oui, passagères, puisque je n'aimais qu'un instant, même si l'on m'adorait. Ce qu'il me fallait, c'était toujours l'inconnu, l'inconnu et encore l'inconnu.

— C'est donc vrai ce que Caro disait un jour...

— Que disait-il?

— Que tu avais dans les veines un peu de sang de Messaline.

— Je ne sais pas ce que j'ai dans les veines, mais je sais qu'avec la religion du devoir, avec la foi en Dieu, avec l'horreur du mal, je ne puis vaincre les heures fatales : dès que l'ivresse me ressaisit, je chancelle et je perds mon point d'appui.

— Et ton mari ?

— C'est encore lui que j'aime plus que les autres, je l'aime pour sa confiance en moi, je l'aime pour sa loyauté envers tout le monde, je l'aime pour sa gaieté radieuse. Dès que je me réveille à la raison, je répudie mes caprices d'un jour. Ce ne sont même pas des caprices, j'obéis malgré moi à ce qu'on appelle des crises de femme.

— Comment as-tu donc fait pour voiler ainsi ta vie, car on a quelquefois mal parlé de toi, comme de toutes les femmes, mais les plus malins ne croyaient pas à leurs calomnies.

— Je pense que c'est parce que je ne me suis jamais attardée dans une passion, tant j'avais horreur de moi-même, après une chute.

— Oui, mais ce qui t'a sauvée surtout dans

l'opinion mondaine, c'est ta figure sévère, c'est ta conversation sérieuse, c'est ton habitude de courir les sermons. Ce sont aussi tes œuvres de charité.

— Et tu sais bien, ma chère Hélène, que ce n'est pas pour la pose si je m'occupe des enfants pauvres : j'ai voué Éliane au blanc; elle était si fragile en ses jeunes années que j'ai juré à Dieu, s'il me la laissait, d'être maternelle à l'orphelinat de Marie Laurent. Jusqu'ici je n'avais pas eu peur pour Alexandre, mais j'ai quelque souci depuis cet hiver : il perd sa gaieté. Les gens de collège sont des tueurs d'enfants. »

Hélène semblait rêver.

« Tu es une étrange créature, dit-elle à sa sœur; peut-être es-tu plus vraie que toutes les autres qui sont soumises aux préjugés; ton cœur est le théâtre du bien et du mal, mais le bien l'emporte et l'emportera tout à fait quand tu seras délivrée des amorces du troisième péché capital.

— Ma chère Hélène, je crois toujours que

j'en suis délivrée, mais je sais trop combien je suis fragile devant le premier orage qui passe.

— Est-ce qu'il y en a un à l'horizon ?

— Peut-être. Puisque je te dis tout, je dois t'avouer que je me tiens à quatre pour ne pas retourner à Paris, où je suis attendue. Par exemple, ici dans le pays de la famille, dans ce château où j'ai mis ma fille au monde, je pourrais regarder sans rougir ma robe de mariée ; mais Paris c'est l'enfer, on s'y jette éperdument. »

Blanche regarda Hélène.

« Et toi, n'as-tu donc jamais eu un quart d'heure d'abattement ?

— Non, dit Hélène. On a pourtant fait bien des sièges autour de moi, j'écoutais d'abord toutes les divagations amoureuses, mais je me disais bientôt que c'est un jeu terrible où l'on risque tout pour ne gagner rien. Ainsi, tu m'as vue sous les coups de feu du prince ***. Tout en voulant le prendre à mes coquetteries, je me suis prise moi-même à son irrésistibilité. Je ne nie pas qu'il m'est doux de le voir; quand il me baise le bras, je tressaille; quand il me parle face à face, je me grise; mais tout cela n'est qu'un jeu. C'est bête comme tout; mais, s'il n'était pas prince, je n'y prendrais pas garde : avec l'ascendant de son esprit il a l'ascendant de son titre, parce que ce n'est pas un prince pour rire. Ce que c'est que de ne pas être née là-dedans, cela m'exaspère de me sentir si bourgeoise que cela. Et toi ? »

La marquise répondit qu'elle n'avait pas de préjugés.

« Moi non plus, reprit Hélène, mais tu verrais si tu t'appelais de par ton mari Mme Dupont ou Mme Giraud ! J'ai beau me dire que la beauté est le premier titre de noblesse puisque c'est Dieu qui la donne, je subis cette bêtise séculaire qui consiste à faire ses yeux plus doux pour un prince que pour un plébéien. »

Mme de Virmont dit à sa sœur que la vraie raison c'est qu'elle aimait le prince.

Hélène descendit dans son cœur :

« Est-ce que je l'aime, est-ce que je l'ai jamais aimé ? Je n'en sais rien, mais peut-être vais-je savoir malgré moi si l'on aime un homme pour son titre ou pour lui-même. Un amoureux dépouillé de l'artifice des titres, mais beau comme le prince, a osé m'écrire. La lettre est si éloquente par la passion qu'elle m'a amusé l'esprit et chatouillé le cœur ; c'est tout ; je l'ai jetée au feu, je l'ai vue flamber avec quelque tristesse, mais autant en emportent les flammes. »

Cette lettre, dont parlait Hélène, venait de M. Guy de Marjolé, qui s'était risqué à lui écrire chez sa mère.

« Et tu ne lui répondras pas ? demanda Blanche à sa sœur.

— Pas du tout ! Et toi, est-ce que tu as jamais répondu à une lettre sentimentale ou passionnée ?

— Jamais ! »

Mme de Virmont était la muse du Silence.

XI

Un soir que Mme Heurtemont venait de s'asseoir à côté d'Hélène, sur une meule de foin coupée de l'avant-veille, la mère demanda à sa fille pourquoi elle avait toujours un air moqueur et désenchanté.

« C'est bien simple, répondit Mme de Briancour, je suis sur la terre comme une herbe parasite et stérile. Je ris pour cacher que je pleure.

— Et le spectacle du monde et de la nature, tu comptes cela pour rien?

— A peu près. C'est une comédie ou un drame dont j'ai vu mille et une représentations; je finis par avoir en horreur le spectacle et les acteurs : plus je cherche du nouveau et plus je trouve de l'ancien. »

La mère avoua qu'il y avait là quelque chose de vrai, mais elle voulut réconforter Hélène en lui disant :

« Il faut toujours se contenter de son sort.

— Mon sort, mon sort, je ne m'en contente pas, et pourtant c'est bien un peu toi qui as fait mon sort. »

La mère parut surprise.

« Tu as l'air d'en douter, mais n'est-ce pas toi qui m'as jetée dans les bras de M. de Briancour, sous prétexte qu'il était comte et qu'on ne pouvait plus vivre sans porter une couronne sur sa voiture et sans avoir un titre pour être annoncée dans un salon.

— Cela ne gâte rien, d'autant moins ou d'autant plus que ton mari était tout aussi joli homme et tout aussi spirituel qu'un bourgeois, j'imagine.

— Mon Dieu oui, seulement je n'étais pas faite pour un homme qui se croise les bras. Le titre de mon mari l'attache au rivage; il est donc resté un beau désœuvré conduisant ses chevaux et voulant conduire sa femme.

— Tu te plains que la mariée est trop belle : si je t'avais donné un bourgeois, tu aurais subi plus d'une humiliation devant tes amies du Sacré-Cœur, comme tu en as subi avant ton mariage; ensuite ce bourgeois eût risqué sa fortune dans le haut commerce ou dans les vaines entreprises.

— Tu as raison, mais tu pouvais me marier à un artiste, à un savant, à un homme de lettres.

— Je vais te prouver que tu n'es qu'une fantasque : écoute-moi bien; tu avais le sentiment de la beauté et tu voulais naturellement épouser un homme beau. Or en connais-tu beaucoup parmi les artistes? Depuis le beau Raphaël et le beau Van Dyck, ils sont presque tous laids. J'ai connu M. Ingres et M. Delacroix: M. Delacroix, une figure sauvage et mal dessinée comme ses tableaux; M. Ingres, une tête à bajoues. Aujourd'hui, cherche bien : ceux qui sont beaux ne sont pas à leur femme, ceux qui sont laids tiennent leur femme à l'atelier et les font poser au lieu de poser pour elles. Causons de la science : pouvais-je te faire épouser M. Chevreul, ou mettre un chien enragé entre toi et M. Pasteur, ou t'envoyer au diable avec M. Paul Bert? Crois-moi, un cabinet de toilette vaut mieux qu'un laboratoire. Passons aux hommes de lettres. Il y en a tant qu'il n'y en a plus. Tous les poètes sont chefs de bureau. Il n'y a plus guère que des femmes parmi les romanciers. Les journalistes ne sont plus que des reporters, à part une demi-douzaine qui sont éloquents à dire toujours la même chose, parce qu'en politique c'est toujours la même chose.

— Tu as peut-être raison, dit Hélène.

— Et tu as trop d'esprit pour ne pas comprendre que le monde des arts et des lettres est un monde infernal, où l'orgueil dévore le cœur. Je me les représente comme des jockeys de toutes les couleurs, courant le grand prix. Ils tuent sous eux tous les chevaux de leur génie. Apollon lui-même y couronnerait les siens. Tu vois d'ici le désespoir de tous ceux qui sont distancés d'une tête. Et puis, qui gagne le grand prix aujourd'hui sera dépassé demain. L'opinion publique d'une génération n'accepte pas l'opinion publique d'un jour. Tel qui fut célèbre hier sera oublié demain. Combien de feux de paille devant le soleil éternel !

— Qu'importe, dit Hélène, si l'on a vécu dans son temps, que le nom soit effacé sur le tombeau ?

— Et s'il est effacé de son vivant ?

— Que veux-tu que je te dise? il me fallait un mari qui m'intéressât à son travail, à son ambition, à ses luttes, même à ses désespoirs. Vivre ce n'est pas rêver.

— Deviens toi-même une femme artiste. »

Ce fut le dernier mot de Mme Heurtemont, car on entendit la cloche du dîner.

Dès le lendemain Hélène se remit à son piano et à ses aquarelles. Bien mieux, elle commença un roman; mais le feu s'éteignit bien vite. La rouille de l'oisiveté avait déjà atteint cette âme vaillante.

« Eh bien? lui demanda sa mère quelques jours après.

— Eh bien, mes doigts se glacent sur le piano, mon pinceau ne trouve que des couleurs tièdes, ma plume s'embourbe dans l'encrier, je ne suis plus bonne à rien. »

M™ de Briancour embrassa sa mère en pleurant.

A quelques jours de là, le comte de Briancour, toujours encoquiné de sa maîtresse, s'en vint faire le joli cœur devant sa femme au château de Malval. Rien ne donne plus de charme au mari, pour une femme qui l'aime, que le rayon de bonheur répandu par la maîtresse. Voilà pourquoi tant de braves épousées passent condamnation. Elles sont trahies, elles le savent, elles espèrent que l'infidèle leur reviendra, et se contentent, en attendant, des miettes du festin, ou bien elles se sacrifient dans les consolations chrétiennes et dans les consolations de la famille.

Hélène n'avait pas d'enfant et jouait au scepticisme ; mais elle avait des retours vers les traditions qui élèvent le cœur et fortifient l'esprit : aussi accueillit-elle son mari avec une joie renouvelée de la lune de miel. Ce ne furent, les premiers jours, que promenades sentimentales à pied et à cheval, dans le parc ou dans la vallée. On s'était retourné vers la jeunesse, mais le passé n'a plus que des ombres. Tout est mélancolique pour ceux qui regardent en arrière, la jeunesse court aux plus jeunes et ne se laisse pas rattraper par ceux qu'elle a fuis.

Georges n'était pas là depuis quatre jours qu'il songeait à retourner à Paris.

« Je te vois venir, lui dit un soir Hélène devant Mme Heurtemont, tu médites de me faire du chagrin; je lis sur ton front que tu songes à aller faire un tour au cercle de ces dames.

— Oui et non, répondit en raillant M. de Briancour.

— Eh bien, — mon ange, — tu partiras demain au premier train.

— Oui, je reviendrai dans huit jours pour t'emmener. »

La mère d'Hélène, qui étudiait alors de près le cœur de sa fille, dit à Georges :

« Prenez garde à votre femme! »

Mais il partit le lendemain. Au bout de huit jours, comme il l'avait dit, il vint chercher Hélène.

Pendant ces huit jours il avait brisé, renoué et rebrisé avec Mlle Daly. Pour cette coquine de haute volée, dont les amants de cœur sont des hommes d'affaires, Georges ne comptait pas. Elle lui avait bien coûté trois mille louis. Elle lui tirait tous les jours les cartes pour vingt-cinq louis. Elle fit donc son jeu pendant quatre mois. C'était le grand jeu! Georges fut allégé de cinquante Crédit foncier. C'était trop cher pour connaître Mlle Daly, mais trop bon marché pour la quitter. Cette demoiselle en a tortillé plus d'un, comme le simoun tortille les palmiers des oasis.

Quand M. de Briancour ramena Hélène à Paris, il jura ses grands dieux qu'il n'aurait plus que sa femme pour maîtresse. Mais il était bien tard, car Georges avait laissé trop longtemps la solitude au cœur de sa femme.

En disant adieu aux grands bois du château, Hélène s'étonna que le prince ***, qui occupait quelque peu son cœur, se fût presque effacé de ses rêves, tandis que cet inconnu qu'elle avait si étrangement rencontré en pleine mer, elle dans les vagues, lui sur une périssoire, s'imposait à sa pensée.

Pourquoi?

Le prince avait séduit Hélène par le charme de son sourire fascinateur comme par l'éclat de son esprit, tandis que M. de Marjolé, qui lui avait à peine parlé, n'avait pas mis en jeu cette fascination presque irrésistible. Mais, par son regard dominateur, il la poursuivait partout. Elle avait beau en rire et s'en irriter, elle subissait ce magnétisme étrange.

Hélène aimait la solitude à Paris comme en Bourgogne, hormis en certains jours où elle sortait pour batailler dans les salons de ses amies, dans sa loge à l'Opéra ou au Théâtre-Français, à la tribune des courses ou dans quelque cavalcade matinale. Il y avait en elle une intrépide amazone, comme une chasseresse à tout feu. Mais, quand elle avait fait le diable à quatre pendant quelques jours, elle retombait dans la vie rêveuse et somnolente, non pas qu'elle s'endormît dans le farniente, mais elle aimait à s'abandonner au nirwana, cet état de l'âme qui translucide les images les plus vagues : c'est alors qu'elle s'enfermait dans le petit salon de son hôtel, où nul ne la troublait, pas même son mari. Seule, Mlle Aurore avait droit de venir lui dire un mot çà et là, mais ce n'était qu'une ombre qui passait dans le monde des images radieuses évoquées par son esprit.

Ce petit salon ne semblait pas avoir été destiné à devenir le théâtre de tous ces rêves extra-humains, car c'était plutôt le salon d'une mondaine éprise de luxe. Les murs étaient revêtus de peluche 'bleu de roi.

Sur ces tentures, des panneaux japonais, fond vieil or, tout constellés d'oiseaux et de roses. Un divan à chaque coin du feu en pareille étoffe que la tenture, ainsi que deux ottomanes couvertes en velours de Gênes, en face de la cheminée. Sur les tapis gris-perle émaillés de marguerites et de marjolaines, des crinières de lion et des robes d'ours blanc. Quelques fauteuils et quelques chaises de style incohérent aux quatre coins. Un petit paravent, style Louis XIV, en satin rose broché, à parterre de fleurs, broderie d'or et de soie sur la face, le revers gainé de soie, plissé, gorge de pigeon. Une marquise en bois d'ébène, forme à contour, avec coquilles et fleurs en relief, couverte en velours ciselé, fond rouge, dessin à ramages, ton sur ton. Sur la cheminée, finement sculptée, soutenue par deux cariatides, style rococo, une pendule Louis XIV, en bronze patiné vieil or, supportée par quatre muses se perdant dans les consoles à volutes, une nymphe à haut relief, s'enlevant dans le ciel devant une figure d'enfant, un arc à la main. Toujours les vieux symboles.

La nymphe s'envolant était, par le hasard des choses, le portrait d'Hélène; aussi, quand la comtesse était contente, lui envoyait-elle, de sa main blanche, des baisers amoureux.

La pendule, d'ailleurs, attirait presque toujours les yeux de la belle rêveuse. Que cherchait-elle dans les heures qui chantent toutes les mêmes strophes au temps qui passe, ou plutôt qui nous voit passer devant lui?

Je ne veux pas peindre toutes les curiosités de ce petit salon. Je pourrais parler encore d'une vitrine miraculeuse renfermant pour mille louis de riens, miniatures et bijoux, depuis les bracelets pharaonesques jusqu'aux figures du Directoire. Pour Mme de Briancour, le monde historique s'arrêtait là.

Il y avait aussi une bibliothèque renfermant de petits chefs-d'œuvre de l'esprit humain, mais Hélène ne lisait plus guère ; sa vraie bibliothèque, c'était son imagination :

quand elle voulait se retremper ou se désespérer, elle ouvrait un volume d'Alfred de Musset.

Tout l'hôtel était meublé avec ce goût charmant qui est un style composite, mais qui, au moins, réunit la fleur des styles depuis la Renaissance jusqu'à l'Empire, depuis Paris jusqu'à Yédo en passant par toutes les villes qui ont eu leurs grands jours de luxe dans l'art.

Hélène avait passé deux années à cette œuvre délicate. Elle s'y était passionnée. Il lui semblait alors qu'elle bâtissait le nid du bonheur, mais elle s'aperçut, hélas ! que le nid du bonheur est comme un nid d'oiseau que le premier coup de vent emporte. Et encore Hélène n'y avait pas abrité sa nichée, puisque sa mauvaise destinée lui avait refusé des enfants ! Le rossignol chante pendant que la rossignolette couve ses œufs. Hélène n'avait pas eu les chansons du rossignol.

Dans ce charmant hôtel envié par tant

de femmes qui ne jouent de leurs grâces que dans un appartement, on recevait fort peu : un bal tous les ans, quatre dîners de cérémonie dans l'hiver et toutes les semaines un dîner de famille dont le marquis de Virmont était le boute-en-train, car M. de Briancour était silencieux, quoiqu'il fût un homme d'esprit : il aimait mieux entendre dire une bêtise que de parler lui-même pour dire un mot spirituel. Il y a les paresseux de la parole qu'il ne faut pas trop mal juger.

Si M%me% de Briancour avait ses caprices de coquetterie, le plus souvent elle avait la coquetterie de la simplicité pour ses robes et ses chapeaux. Elle s'abandonnait, d'ailleurs, à M%lle% Aurore, qui avait comme elle l'idéal du goût. On ne passait pas beaucoup de temps dans le cabinet de toilette, qui était un miroir à quatre faces légèrement ornementé par des guirlandes de fleurs peintes par Chaplin.

Chaplin était un des amis de la maison ; il avait portraicturé Hélène de sa main la plus savante et la plus charmeuse. Mais la comtesse se trouvait trop jolie, quoiqu'elle ne posât pas pour la femme qui va écouter avec délices les philosophes de la Sorbonne; aussi elle refusa d'être exposée au Salon en disant : « Je serais désespérée de sourire ainsi à tous les jeunes idiots qui me regarderaient en souriant. »

XII

Les grands bois de Malval n'avaient pas non plus apaisé la soif voluptueuse de Blanche. Elle revint à Paris plus agitée encore.

Sentir dans son cœur les gaietés de l'amour et sentir aussi dans son âme toute l'horreur de son péché, c'était toujours Mme de Virmont, c'était encore la vie de cette femme étrange : l'émotion du bien et du mal, de la pécheresse et de la repentante, de la volupté et des pleurs, voilà ce qu'elle recherchait. Elle n'était née que pour mêler sans cesse le plaisir à la douleur, la comédie au drame, l'éclat de rire aux larmes. Il avait manqué à Blanche de trouver un amant dans son mari.

Après ses jours de bonheur, elle continuait à s'agenouiller et sangloter dans les églises.

Ce cœur, vingt fois donné, elle le donnait encore à Dieu avec tout l'enthousiasme et toute l'effusion des saintes qui se sont illustrées par le martyre.

Pour Mme de Virmont l'église n'était pas un masque, c'était un refuge contre elle-même. Elle était toujours de bonne foi, quel que fût son amour. C'était à force d'amour qu'elle trahissait Dieu pour les hommes et les hommes pour Dieu.

Comme a dit Mme de Maintenon, elle ne pouvait arracher de sa robe les lambeaux de notre première mère.

Le marquis de Virmont arriva un matin chez Hélène, la figure toute renversée, comme s'il eût reçu un coup de vent sur la tête. C'était un coup au cœur. Il voulait voir M. de Briancour, qui déjeunait chez un ami. Le marquis s'en allait quand Hélène le retint : « Qu'y a-t-il, mon beau-frère ?

— Oh ! une affaire entre votre mari et moi.

— Vous pouvez bien me conter cela ?

— Ce n'est pas une femme que je cherche, c'est un homme : il me faut un témoin.

— C'est vous qui vous battez?

— Oui et jusqu'au bout.

— Pourquoi, grands dieux?

— Pourquoi, pourquoi? je ne vous le dirai pas.

— Allons donc ! est-ce que je ne sais pas tout?

— Quoi ! vous savez...

— Je ne sais rien, mais vous allez tout me dire. »

La comtesse avait deviné que sa sœur était en jeu.

Tout en ne voulant rien dire, M. de Virmont déploya une lettre sous les yeux d'Hélène : « Lisez cette infamie. »

Hélène lut ce billet d'un adorateur de la marquise.

« Ma belle amie, il n'y a pas deux femmes comme vous : vous avez toutes les séductions ; je ne me possède plus depuis que vous avez

appuyé votre tête tout échevelée sur mon
cœur. Jusqu'ici je croyais connaître tous les
enchantements de la passion, mais je n'en
étais qu'à l'A B C. Vous avez la douceur, le
charme, la fascination. Près de vous je me
sens transfiguré, voilà pourquoi je ne peux
plus vivre sans vous; par grâce donnez-moi
une heure ce soir pour que je meure à vos
pieds.

« Hector. »

Hélène éclata de rire, elle prit la main de
son beau-frère et lui dit :

« Quoi! vous voulez risquer de vous faire
tuer pour la lettre d'un fou; on s'est trompé
d'adresse si cette lettre est allée chez vous.
Ce fou, je le connais. La femme incompa-
rable, c'est ma femme de chambre. »

La comtesse sonna Aurore.

« N'est-ce pas, Aurore, que cette lettre est
pour vous? »

Aurore comprit avant de lire la lettre, elle
la lut et la jeta à ses pieds en disant : « Mon

Dieu, mon Dieu! qui donc me délivrera de cet imbécile? »

Hélène reprit la parole :

« Figurez-vous, mon beau-frère, que cet animal-là a failli me compromettre moi-même ; il est toujours aux trousses d'Aurore, il la suit partout. Ne peut-on pas croire que c'est moi qu'il suit? Ainsi, quand je vais dîner chez vous, Aurore vient me chercher, et il ose lui parler jusque dans la cour de votre maison. »

Mme de Briancour suivait des yeux les mouvements de physionomie de son beau-frère pour voir si elle touchait juste. Elle ne doutait pas que sa sœur ne se fût imprudemment jetée dans une nouvelle aventure. Elle voulait la sauver encore. Il faut bien dire que le marquis était l'homme du monde le moins défiant ; sa femme lui semblait inviolable sous le voile de la religion dont elle se couvrait de bonne foi, puisque l'église n'avait pas de meilleure paroissienne.

La vérité, c'est qu'à côté de cet Hector

inventé pour les besoins de la cause, M. de Virmont connaissait un autre Hector, un parfait gentleman qui faisait quelquefois sa partie au cercle et qui courait un peu le même monde que lui.

Trouvant cette lettre dans un livre de sa femme, pendant qu'elle était à la messe, il était accouru pour prier son beau-frère d'aller avec un autre témoin demander raison au signataire de la lettre.

Il fut donc bien heureux d'apprendre qu'il s'était trompé. Et pourtant il lui restait un doute : pourquoi cette lettre fatale se trouvait-elle dans un roman que lisait sa femme ?

« C'est bien simple, lui dit Hélène ; la femme de chambre lit les romans qu'on m'envoie pour me dispenser de les lire moi-même. Vous savez quel effroyable échange de livres nous faisons avec ma sœur; Aurore aura mis la lettre d'Hector pour signet.

— Oui, je n'en fais pas d'autres, dit Aurore; mais que voulez-vous? cet Hector qui m'écrit est un simple clerc d'avoué qui fait des phrases, je n'ai pas souci de garder ses lettres sur mon cœur. »

Et, sur ce mot, comme elle savait bien jouer la comédie, elle courut chez Mme de Virmont pour la mettre en garde contre les questions de son mari.

Et le tour fut joué !

Et c'était ainsi qu'en plus d'une mauvaise rencontre, Hélène sauvait l'honneur de Blanche — pour son mari et pour le dehors.

Par malheur pour le dehors, elle y aventurait le sien.

Mme de Briancour, comme beaucoup trop d'honnêtes femmes d'aujourd'hui, croyait qu'on peut se risquer dans le feu sans y brûler son cœur. Elle pensait que sa raillerie la sauverait toujours. Plusieurs fois déjà elle s'était amusée de l'air sentimental des amoureux; elle ne croyait pas au proverbe d'Alfred de Musset : « On ne badine pas avec l'amour. » Elle disait au contraire : « On badine avec l'amour. » Elle ne craignit donc

pas de lire une seconde lettre de M. de
Marjolé, qui n'avait peur de rien, car cette
lettre lui parvint tout bêtement par la poste,
sauvegardée par une double enveloppe portant le nom de Mlle Aurore, car Guy avait bien
étudié la place.

« Madame,

« Depuis notre étrange rencontre à Dieppe
la vague m'entraîne vers vous.

« Moi qui ne croyais pas à la passion, me
voilà métamorphosé. Je donnerais les plus
belles folies du monde pour un sourire de
vous. Il y a dans tout ceci de la prédestination; ce n'est pas dans la Grande Ourse ou
dans la Petite Ourse que nous nous rencontrerons, c'est sur la terre. Mais, je sais, vous
êtes une railleuse et vous ne croyez à rien,
pas même à l'immortalité de l'âme depuis
que M. Renan est votre ami. L'amour n'est-ce donc pas l'immortalité? Pensez-vous donc
que Francesca di Rimini ne vive pas aujour-

d'hui tout emparadisée dans les bras de son amant? Je vous aime.

« GUY. »

Mme de Briancour rêva un peu devant cette lettre; elle vit apparaître Francesca di Rimini, telle que l'a peinte Ary Scheffer, fière de sa blessure, bravant son mari jusque dans la mort, parce qu'elle est emportée par l'amour.

« Oui, dit Hélène, c'est poétique; mais est-ce que M. de Marjolé a la prétention de me faire donner aussi un coup de poignard dans le sein? Qui sait? Ce serait peut-être une mort digne de moi. »

Hélène devint pensive. L'émotion de son esprit était descendue jusqu'à son cœur. Aurore la surprit relisant la lettre.

Elle la cacha à demi, comme s'il y eût désormais un secret entre elle et sa confidente.

« Chut! » dit-elle, en portant la main à son cœur.

Elle sentait que l'amour allait la prendre. Elle ne voulait pas être prise; elle se mit à rire et elle montra la lettre à Aurore.

« Tenez, dit-elle, prenez votre plume. »

Aurore relut la lettre deux fois.

« Ah! cette fois, madame, vous voilà dans le sentiment jusqu'au cou. Si je n'étais revenue des passions, j'aimerais M. de Marjolé quand ce ne serait que pour le consoler de vos railleries.

— Voyons, Aurore, l'amour fait-il le bonheur?

— Non, madame, l'amour fait le malheur, j'en porte les marques.

— Eh bien, ce n'est donc pas la peine de faire une bêtise.

— Oui, mais il ne faut pourtant pas désespérer ce pauvre homme. On part et l'on s'arrête en chemin : c'est votre devise. Et puis c'est amusant.

— Eh bien, nous lui écrirons.

— Pourtant prenez garde, madame! Tant va la plume à l'encrier qu'à la fin elle se trahit.

— Je n'ai pas peur des proverbes. »

Aurore écrivit sous la dictée ces quelques lignes :

« J'ai lu quelque part, monsieur, — et calligraphe, — que pour les amoureux la terre tournait dans le ciel, tandis que pour ceux qui ne le sont pas elle tournait dans le vide. Pour moi, j'ai failli tourner la tête de votre côté, mais décidément je la tourne de l'autre côté. Je me suis évertuée çà et là à être une femme sentimentale, mais, tout bien considéré, je n'aime ni le bleu de Prusse, ni le bleu de cobalt, ni le bleu d'outremer, ni le bleu d'outreciel. Je ne suis pas née pour les sentiments à perte de vue. La vie est un spectacle à heure fixe; il n'y a pas une heure à perdre, si l'on veut jouer son rôle comme il convient. Or je suis si paresseuse, que je ne trouve jamais cinq minutes pour prendre racine et pour bayer aux corneilles dans la coulisse. Je ne veux pourtant pas qu'un galant homme ait passé sur mon chemin sans que je lui cueille un

vergiss mein nicht; on fait ce qu'on peut, on
donne ce qu'on a; — ne me demandez pas
l'empire du Pérou, je ne suis pas une mine
d'or pour un amoureux, — à peine un banc
de sable pour bâtir l'impossible. »

Quand Hélène fut au dernier mot, elle dit
à sa femme de chambre :

« Pendant que je suis si éloquente, j'ai
bien envie d'écrire avec la même plume et
la même main à ceux qui ont osé m'écrire.

— Oh! madame, dit Aurore avec effroi,
nous y passerions la nuit.

— Et je ne veux jamais y passer la nuit.
Mais écrivez toujours. »

Et Hélène dicta quatre lettres à désespérer les Sévignés du jour : du sentiment à
perte d'esprit.

Pour les simples, ces lettres étaient des
cris de passion; pour les sceptiques, c'étaient
des moqueries. Mais ces quatre lettres,
Hélène les jeta au feu.

Quand M. de Marjolé reçut la sienne, il la
lut comme on regarde une femme à travers

le masque. Il ne comprenait pas. Mme de Briancour raillait-elle ou n'était-ce que l'expression de son esprit fantasque ?

Il lui dépêcha ceci à la même heure :

« Pour que je respire le vergiss mein nicht, donnez-moi le souvenir. »

Réponse de la même au même :

« Voilà bien les amoureux ; ils vous jouent l'éternelle sérénade et ils vous demandent un sou comme les joueurs d'orgue. Vous voudriez bien m'induire en dépense, mais on ne peut donner que ce qui est à soi ; or je ne m'appartiens pas. Je vous avoue que j'en suis bien aise, car je sais la chanson : L'amour est un fil que deux amoureux tiennent par chaque bout et que le diable leur donne à retordre. Je n'ai jamais eu de goût pour le rouet ni pour la quenouille, je ne veux donc pas filer le parfait amour ni l'imparfait. »

En écrivant sous la dictée, Aurore dit à sa maîtresse :

« Oh ! madame, c'est trop se moquer du

monde, vous jouez avec les mots comme un chroniqueur, ou comme un Indien joue avec les couteaux.

— Oui, cela m'amuse.

— Voulez-vous relire, madame?

— Oh! non, je suis comme Mme de Sévigné, je ne mets pas des bâtons dans les roues de mon style. »

Et se reprenant :

« Mettez, si vous voulez, en post-scriptum, que nous cueillerons ensemble le myosotis quand il plaira à Dieu. »

Guy était de plus en plus irrité. Il considérait ces billets comme des bravades.

« C'est égal, disait-il, une femme qui signe des billets finit toujours par tomber à l'échéance. »

L'amour même a ses heures d'ennui où tout ce qu'il fait est non avenu. Il ne faut donc pas s'éterniser dans de sempiternelles redites; je ne suivrai pas le mot-à-mot de cette correspondance, qui dura trois semaines. C'était toujours un peu l'homme qui chante et la femme qui rit ; Guy voulait aimer un siècle, Hélène avait peur d'être aimée un jour. Elle s'amusait à ce jeu, mais à la condition que sa femme de chambre tînt toujours les cartes pour elle.

Un jour, la lettre du suppliant était si longue, que Mme de Briancour dit à Aurore :

« Tenez, ma chère, lisez ce plaidoyer ; il est si long qu'il doit avoir tort. Faites la réplique. »

Aurore regarda sa maîtresse à deux fois.

« Ah ! madame, vous ne me ferez jamais croire que vous êtes si détachée des choses de ce monde. Je ne vous demande pas votre confession, mais je suis bien sûre que sous vos airs dégagés il y a des passions qui se cachent. Vous riez avec M. de Marjolé, c'est peut-être pour pleurer avec votre mari. »

Mme de Briancour regarda attentivement sa femme de chambre.

« Ma chère, vous avez une prétention singulière : c'est de me connaître. Quand je me connaîtrai moi-même, je vous répondrai peut-être. »

Hélène était devenue sérieuse ; mais tout à coup elle partit d'un éclat de rire et elle alla se mettre au piano, en disant à Aurore :

« Répondez sur cet air-là à M. de Marjolé. »

Elle se mit à jouer une « salade russe », où la musique d'Offenbach venait faire le pied de nez à la musique de Weber. Elle fit résonner sur le clavier tout ce qui a été la gaieté, la fantaisie, la tristesse, la passion, depuis la chanson de Thérésa jusqu'à la sérénade de Schubert. Elle passait d'une phrase à une autre avec tout le brio et tout le sentiment de chaque maëstro.

La femme de chambre renversait sa tête avec ravissement.

« Ah ! madame, s'écria-t-elle avec entraînement, si j'étais homme, comme je vous aimerais ! »

XIII

Ainsi jouait Hélène, aux jeux de l'amour, comme dans les comédies de Marivaux; mais dans ces jeux-là, n'y peut-on pas déchirer quelque peu sa robe de mariée? Je parle toujours pour la galerie. M°¹⁰ de Virmont, au contraire, cachait bien son jeu, parce qu'elle ne jouait pas aux jeux innocents.

Le marquis et la marquise de Virmont habitaient l'été le château de Malval et le château du Buisson dans les Ardennes. Ils habitaient l'hiver un grand appartement de la rue de l'Université.

Mme de Virmont se décida à acheter un hôtel aux Champs-Élysées, quoiqu'elle fût au faubourg Saint-Germain depuis son mariage; voilà pourquoi un jour, un peintre à la mode, quelque peu sportsman, que je masquerai sous le pseudonyme de Fromental, fut sur le point de louer l'appartement de la rue de l'Université. Il le visita solitairement et se passionna à première vue pour la maîtresse de la maison en voyant son portrait. Comme on dit dans les ateliers, madame la marquise avait de l'œil; quoiqu'elle levât souvent les yeux au ciel, elle gardait sous les paupières une flamme voluptueuse.

Le portier avait dit à Fromental que Mme de Virmont reviendrait sans doute le lendemain.

Or, le lendemain, Fromental se hasarda à sonner chez elle.

On vint ouvrir. Il passa sa carte. On revint lui dire que madame ne comprenait pas; il insista sous prétexte qu'il avait loué l'appartement; la marquise consentit à le recevoir.

Il était debout dans le salon, toujours devant le portrait, quand elle apparut sortant de sa chambre à coucher.

« Madame, dit-il avec un profond salut, j'ai été si bien reçu par votre beau portrait en votre absence, que je me suis enhardi à vous demander cinq minutes d'audience. »

La fière marquise était désarmée, elle daigna sourire à peu près comme son portrait. Elle s'était aperçue d'ailleurs qu'Albert Fromental avait bon air et qu'il était de bonne maison.

« Cinq minutes, dit-elle en s'approchant, c'est beaucoup. Je vais au sermon à Notre-Dame.

— J'y vais aussi, dit Albert.

— Vous n'en prenez pas le chemin, monsieur, car je suis déjà en retard. »

Mme de Virmont ne pria pas Fromental de s'asseoir.

« Madame, reprit-il, je vais droit au but... »

On pouvait voir à sa physionomie que c'était avec regret qu'il ne passait pas par les sentiers perdus.

« Je vous écoute, monsieur.

— Madame, j'ai à peu près loué hier votre appartement. On m'a dit que vous le quittiez ces jours-ci.

— Oui, monsieur, je vais habiter les Champs-Élysées pour mes enfants. Il y a plus d'air par là.

— Voulez-vous me permettre de venir ici avant le terme ?

— Ce serait bien volontiers, si je n'avais quelques tableaux dont vous ne sauriez que faire. C'est M. de Virmont qui doit décider où ils iront.

— Madame, je serais trop heureux si, en attendant, j'étais constitué par vous conservateur de ce petit musée, surtout si ce portrait restait là. »

La marquise s'impatienta et prit une figure sévère.

« Ce portrait, dit-elle, fait mon désespoir. J'ai obéi à mon mari, mais je n'ai pas changé d'opinion sur les portraits. Une honnête femme ne doit pas se faire peindre, si ce n'est pour ses enfants. Il n'y a que les saintes qui puissent laisser leur image sur la terre, les autres ne doivent même pas laisser un souvenir. Ci-gît une femme, c'est tout. »

Mᵐᵉ de Virmont avait dit tout cela d'un air convaincu.

« Il faut être indulgent aux chefs-d'œuvre, dit Albert, levant les yeux sur le portrait de la marquise.

— Oui, dit-elle, il paraît que c'est bien peint. M. Cabanel m'a faite mieux que je n'étais et que je ne voulais paraître. C'est un charmant causeur, il m'a enjolée chaque fois que je posais. »

La marquise soupira :

« Et puis, c'était la volonté de mon mari ; que sa volonté soit faite sur la terre. »

Et elle regarda le ciel.

Fromental comprit que Mᵐᵉ de Virmont allait encore s'impatienter.

« Sérieusement, madame, si vous le permettez, je mettrai tous vos tableaux dans une chambre inoccupée, puisque je vivrai seul ici, jusqu'au jour où il vous plaira de les faire emporter.

— Mon Dieu, monsieur, j'ai toute confiance en vous, mais je ne puis pourtant pas vous confier mon portrait.

— Remarquez, madame, que c'est un portrait en pied. Si c'était une miniature, je pourrais en abuser ; mais ce portrait en pied, avez-vous peur que je ne le décroche pour valser avec vous?

— Je n'ai peur de rien, monsieur. Je ferai retourner ce portrait dans une des chambres avec les autres tableaux. Je partirai jeudi prochain. Vendredi, vous pourrez disposer de l'appartement. »

Albert Fromental salua profondément et sortit mécontent de lui. Il avait espéré une entrevue qui lui permettrait de dire : « La suite à demain. » Il lui sembla qu'il n'aurait pas de lendemain.

« Après tout, dit-il, n'y a-t-il pas toujours un lendemain? »

L'appartement renfermait quatre chambres à coucher ; la marquise allait sans doute réunir tous les tableaux dans la moins habitable, peut-être emporterait-elle la clef de cette chambre, peut-être la lui laisserait-elle, mais il y aurait violation de domicile s'il voulait y entrer pour revoir le portrait. Ce cher portrait lui troublait l'esprit jusqu'à parler à son cœur.

Naturellement il avait menti en disant qu'il allait aussi au sermon. Naturellement il y alla pour n'avoir pas menti. Naturellement il était déjà sur le parvis de Notre-Dame comme une âme en peine quand Mme de Virmont descendit de son coupé.

Il la salua au passage ; mais le reconnut-elle ? Ce fut à peine si elle s'inclina. Et d'ailleurs n'était-ce pas un premier salut à Dieu ?

On voyait, en la suivant des yeux, qu'elle était bien chez elle à Notre-Dame. Elle traversa la foule comme un serpent qui coule entre les grandes herbes ; elle arriva devant la chaire sans douter un instant qu'elle pût aller jusque-là.

Le prédicateur tonnait contre les femmes déchues. « Et pourtant, s'écriait-il en s'adoucissant, si c'est la femme qui nous a fermé le Paradis, c'est la femme qui nous a donné Dieu. »

Albert Fromental avait lui-même fendu la foule pour suivre des yeux les émotions toutes catholiques de Mme de Virmont par les expressions de sa figure. Sans doute elle allait s'indigner comme le prédicateur contre les infidèles et contre les pécheresses. Cette femme, toute à Dieu, devait se montrer tour à tour dédaigneuse et charitable, foulant d'un pied d'archange vengeur les voluptés de ce monde et laissant déjà percer sous sa robe les blanches ailes qu'elle devait reporter au ciel. Mais Fromental ne vit rien de tout cela, car à peine s'était-il avancé vers la jeune femme, qu'elle avait disparu. Vainement il la chercha dans toute l'assemblée, elle n'était plus là.

« Est-ce qu'elle s'est envolée vers Dieu ? » demanda-t-il comme s'il eût assisté à un miracle.

Que pouvait-elle être devenue ? Quelle que

fût l'éloquence du prédicateur, Albert ne resta pas sous la chaire, il sortit en toute hâte comme s'il dût retrouver Mme de Virmont. Il jugeait qu'elle passerait bien cinq minutes à attendre sa voiture ou à la retrouver. Comme elle n'avait pas de valet de pied, sans doute elle était allée directement vers son cocher, car Fromental ne la trouva pas au portail. Il se hasarda lui-même à travers les cent voitures de maître rangées sur la place.

Un petit coupé partit comme une flèche; quoiqu'un store fût baissé, il reconnut Mme de Virmont.

Il s'aperçut même qu'elle n'était pas seule. Il se demanda quelle pouvait bien être cette tête brune, trente ans, moustaches en croc, col cassé, nez proéminent, gants gris-perle, car il avait vu tout cela d'un seul regard.

Quoiqu'il fût devenu déjà quelque peu philosophe et qu'il ne s'étonnât plus beaucoup devant le spectacle de la comédie humaine, cette manière d'aller au sermon le surprit.

Ce n'était pas très orthodoxe de faire son salut dans un coupé avec un store baissé, en compagnie d'un prédicateur de l'ordre profane. Un store baissé par le plus beau brouillard du monde! Fromental ne douta pas que le sermonneur ne répandît toutes ses actions de grâces sur la dame et qu'il ne la conduisît droit au ciel.

Fromental voulut obéir à sa curiosité : il sauta dans un fiacre à deux chevaux, disant au cocher qu'il lui donnerait 20 francs s'il suivait le coupé olive qui fuyait à toute vapeur.

Le cocher tenta l'aventure, comptant sur les embarras de voitures. Il avait bien raisonné, car en plein boulevard Sébastopol il rejoignit le coupé olive, dont le cheval piétinait devant des charrettes.

A deux reprises, Albert vit apparaître à la portière le chapeau de celui qu'il considérait déjà comme son rival, quoiqu'il n'eût jamais dit à Mme de Virmont qu'il aspirait à sa main gauche.

Après quelques haltes forcées, on arriva rue de Trévise.

Les amoureux avaient perdu près de dix minutes dans le trajet, mais était-ce bien du temps perdu?

Devant le n° 6, la portière du coupé s'ouvrit, Mme de Virmont descendit la première et entra dans la maison sans se retourner, en femme qui a l'habitude de l'escalier.

Naturellement, l'homme aux gants gris-perle et au col cassé la suivit comme son ombre.

La femme qui a perdu son ombre, c'est la femme aimée, puisque son amant la prend pour sienne.

Fromental, qui jusque-là ne s'était pas préoccupé des choses de la religion, se sentit tout d'un coup porté à prêcher. Il aurait voulu monter en chaire pour s'indigner contre la perversité des femmes et faire un beau sermon sur l'adultère. Mais son fiacre n'était pas une chaire à prêcher; il garda chrétiennement le silence.

Il n'en pouvait croire ses yeux. Était-ce bien cette marquise sévère, toute confite en Dieu, qui venait de faire ce voyage dans le coupé olive? Était-ce bien elle qui parfumait l'escalier de cette maison des encens de sa vertu? Et cette maison ne s'abîmait pas sur elle pour ensevelir la femme adultère?

Fromental se sentait toutes les colères de Bossuet et du père Monsabré.

« Et pourtant, dit-il tout à coup en riant, si elle montait mon escalier, je trouverais cela tout naturel ! »

Ce qui prouve une fois de plus cette vérité primordiale, à savoir que tout le monde a tort et que tout le monde a raison.

Cette découverte ne le désobligeait qu'à demi : il était furieux que Mme de Virmont eût un amant; mais ce qu'il voyait, n'était-ce pas une amorce? Jusque-là il lui paraissait impossible de vaincre cette farouche vertu, maintenant il pourrait l'attaquer en toute confiance. La jalousie le mordait au cœur, mais il n'avait pas le droit d'être jaloux. Et d'ailleurs, quoiqu'il eût rêvé la plus vertueuse des femmes, c'était la vertu avec un mari!

Or, quand on aime une femme qui a un mari, on peut bien aimer une femme qui a un amant.

Nous sommes dans le monde des pervertis et je ne vous ai pas présenté Albert Fromental pour un saint ni pour un Caton.

Quelques jours après, Albert, qui conduisait un phaéton dans l'avenue de l'Impératrice et qui allait au pas sous prétexte de causer avec une victoria voisine, vit passer le coupé olive de la marquise.

Était-ce elle ou était-ce lui? Il ne prit pas la peine de mettre un point à sa phrase, il partit sur une virgule et dépassa bientôt le coupé olive.

C'était elle. Elle le reconnut et elle daigna même le saluer de ce demi-sourire qu'il connaissait déjà si bien. Il sentit qu'il l'aimait violemment. Il ne pouvait s'expliquer comment une figure, presque austère à force de sévérité, pût ainsi allumer son cœur et lui inspirer les plus furieux désirs et les étreintes à jamais inassouvies.

« Je sais bien pourquoi, dit-il tout à coup en la regardant toujours, car les deux voitures se touchaient presque, on a d'autant plus la volonté de dominer cette femme qu'on ne pourra pas la dominer. Quelle que soit l'énergie de l'homme, elle sera la force devant lui, elle le jettera à ses pieds, ce n'est jamais elle qui s'humiliera, elle gardera sa souveraineté. »

Jusque-là, Fromental avait été maître de ses maîtresses. Il se croyait un homme fort qui triomphe de tout, dans son scepticisme, mais il voyait son maître devant lui. Il éprouvait quelque volupté à se désarmer et à montrer sa faiblesse; il pensa qu'il lui serait doux, un jour ou l'autre, de dire à cette femme : « Aimez-moi, j'obéirai. »

L'amour prend tous les caractères et toutes les physionomies; il n'est éternel que par ses métamorphoses; la passion renouvelle le cœur, parce qu'elle revient toujours sous une autre figure ; elle prend tous les masques ; elle rit après avoir pleuré ; elle aime les sacrifices après les tyrannies, parce que la passion vit de curiosité et d'imprévu. A chaque traversée elle change de navire, elle aspire à d'autres rives, quels que soient les naufrages.

Mais comment Fromental s'embarquerait-il avec Mme de Virmont? Il ne se doutait pas ce jour-là que l'heure fût si proche.

Après un premier tour devant le lac, il s'aperçut que le coupé olive s'éloignait vers le pré Catelan. Il suivit à distance avec toute la discrétion d'un curieux. Pourquoi Mme de Virmont descendit-elle de son coupé à la porte méridionale du pré Catelan? Pourquoi parla-t-elle anglais à son cocher? Sans doute parce que c'était un cocher anglais qui n'était pas assez familier aux élégances de la langue française.

« Je suis bien sûr, dit Albert, que M. de Virmont ne sait pas l'anglais. Je commence à m'expliquer pourquoi les femmes recherchent les cochers qui n'entendent pas le français. »

Mme de Virmont était voilée. Sous prétexte que le soleil pouvait la regarder, elle se voila une seconde fois avec son ombrelle.

Fromental, qui n'osait s'avancer à sa suite, jugea qu'elle allait à la vacherie.

Mais, encore une fois, pourquoi ne pas y aller en coupé ?

C'est qu'elle avait rencontré au Bois l'homme au col cassé.

En effet, l'homme au col cassé passa devant Albert Fromental et entra dans le coupé olive comme s'il entrait chez lui.

Albert avait bien envie de le mettre à la porte, mais l'amour est un dieu, voilà pourquoi il est patient.

Albert descendit de son phaéton, il donna les guides à son groom et il lui dit de se promener dans le voisinage pendant qu'il fumerait un cigare.

Il s'aperçut bien vite que ce jour-là l'amoureux était pressé, car à peine dans le coupé il regarda à sa montre. Mme de Virmont devait à peine être arrivée à la vacherie. L'amoureux sortit la tête du coupé pour parler au cocher, qui lui répondit dans la langue de Shakespeare.

« Ah ! diable, dit Albert, il me faudra apprendre l'anglais. Je n'ai pas toutes les qualités de l'emploi. »

L'amoureux regarda encore à sa montre. Puis il frappa du pied avec impatience en homme qui donnera à peine une minute de grâce.

Cependant Mme de Virmont ne revenait pas. La minute de grâce était passée. On en accorda une seconde, puis une troisième. Puis, tout à coup, on sauta à terre, on dit encore un mot au cocher et on s'éloigna en toute précipitation, comme si on craignit d'être rappelé.

« Eh bien, dit Fromental en souriant, la place est libre ; si je suis un homme, je vais la prendre. »

Le peintre voulut sans doute se prouver à

lui-même qu'il était un homme, car il s'avança d'un pas décidé vers le coupé olive.

Il s'arrêta court, comme s'il eût l'effroi de son action, lui qui n'avait peur de rien.

« Après tout, dit-il, plus résolu que jamais, qu'est-ce autre chose que l'amour, sinon un audacieux ? »

Il avait pris la poignée de la portière, il parla le français de Molière au cocher, qui lui répondit en secouant la tête. Cet homme avait reconnu Albert pour l'avoir vu venir chez la marquise : il ne l'empêcha donc pas de monter dans la voiture.

« Et maintenant que j'y suis, dit Fromental, nulle puissance humaine ne me forcera à descendre, car, si je descendais, je ne serais plus un homme. »

Cinq minutes se passèrent. Quelque décidé qu'il fût, le « remplaçant » sentit un battement de cœur quand il vit se dessiner la silhouette de Mme de Virmont.

Elle s'avançait avec la rapidité d'une

femme qui vient de faire une bonne action et qui va à une bonne œuvre.

Albert avait baissé les stores de son côté, mais elle vit bien que la voiture était occupée. Elle dit un mot au cocher, elle ouvrit la portière et elle monta en donnant la main à celui qui l'attendait.

Elle poussa un cri, mais la voiture était déjà partie, non pas du côté de la foule, mais bien du côté de la solitude.

« Chut ! dit Albert, c'est toute une histoire que je vais vous conter : il n'y a pas de quoi me jeter par la portière.

— Mais, monsieur, c'est une violation de domicile...

— Conjugal, » dit Albert, qui ne perdait pas sa présence d'esprit.

Mme de Virmont se mordait les lèvres, elle ne savait que dire, elle ne savait que faire. Qu'était-il arrivé ? Est-ce qu'Albert connaissait son amant ? Elle perdait la tête.

« Madame, je suis ici, je ne vous dirai pas parce que je vous aime, vous le savez bien, mais parce qu'un autre n'y est pas. »

La marquise regardait Albert avec l'œil terrible d'une implacable. Le coupé fuyait toujours.

« Oui, madame, déchaînez sur moi toutes vos colères, mais ce n'est pas ma faute s'il vous a plantée là. Il est venu, il vous a donné une minute de grâce. Comment vouliez-vous qu'il attendît quand Mlle Gardénia l'attendait au bord du lac? J'ai jugé que je pouvais en toute humilité et en tout orgueil m'emparer d'une place si mal occupée.

— Mais enfin, monsieur?

— Certes, madame, je ne vous ferai pas un crime d'avoir un amoureux, puisque je ne viens pas pour parler de votre salut. Vous êtes adorablement belle : je suis éperdument épris. Vous êtes trahie : je vous offre un refuge dans mon amour. »

Tout cela était dit un peu à la diable et à bâtons rompus. Fromental prenait la main de la marquise ; elle s'indignait, elle montrait des larmes, elle lui ordonnait de descendre; mais il ne se laissait pas désarmer.

Le coupé olive fuyait toujours. On avait dépassé l'avenue des Acacias, on se trouvait sous les grands marronniers. Chaque fois que Mme de Virmont voulait tirer le cordon, Albert saisissait sa main et la baisait.

« Cet homme qui nous conduit, dit-il, c'est notre destinée; allons où il lui plaira. »

Mme de Virmont savait bien où on allait : quand elle prenait son amant au Bois, c'était pour passer une heure avec lui au boulevard Maillot, dans le petit hôtel du comte d'Arcy. Le comte était en Italie, l'amant de la marquise avait la clef de l'hôtel.

Mme de Virmont avait fini par s'adoucir.

« Non, dit-elle en souriant, laissez-moi parler au cocher, car il nous conduirait à une porte dont vous n'avez pas la clef.

— Eh bien, dit le jeune peintre, promenons-nous dans les bois pendant que le loup n'y est pas.

— Êtes-vous sûr que le loup n'y soit pas?

— Le loup, madame, ce n'est pas moi,

c'est vous. Je le sens aux dents qui me dévorent. »

Mme de Virmont était redevenue sérieuse.

Albert Fromental continua plus ardemment le siège de cette vertu, craignant qu'elle ne remontât sur sa colère.

Tout à coup elle le regarda fixement, ses yeux s'illuminèrent, un ineffable sourire passa sur ses lèvres :

« Le sort en est jeté ! dit-elle. Allons à votre atelier et vous commencerez mon portrait. »

Et ils y allèrent !

C'étaient là les jeux innocents de Blanche.

Mais, comme on dit aujourd'hui à l'Académie des sciences : elle était inconsciente, tant sa vertu s'évanouissait sous les forces de la nature.

XIV

Hélène plaignait sa sœur tout en se plaignant elle-même, car elle avait vainement cherché la science du bonheur dans la vertu.

Un matin le prince *** la rencontra à la traversée du parc Monceau.

« Vous savez que je vous aime toujours, belle inabordable!

— Mon cher prince, je connais votre manière d'aimer les femmes.

— Voulez-vous que je vous enlève ?

— On n'enlève plus les femmes depuis qu'il n'y a plus de carrosses à quatre chevaux. Et d'ailleurs nous serions bien attrapés tous les deux. Où irions-nous pour retrouver un pays qui vaille Paris ?

— Quand je pense, dit le prince en serrant la main d'Hélène, que je suis allé à Dieppe pour vous voir et que nous nous sommes croisés en chemin.

— C'est la destinée qui a voulu me préserver du dernier don Juan. Mais adieu! Si nous causions une minute de plus, on dirait que nous nous sommes donné rendez-vous ici. »

Il y a des rencontres inouïes : pendant que le prince causait encore avec Hélène, M. de Marjolé passa.

Regard plus foudroyant que jamais, pâleur subite d'Hélène qui avait bien vu Guy, émotion mal contenue, si bien que le prince ne douta pas de son action sur Mme de Briancour.

Quand il lui dit adieu, il se dit à lui-même :

« Un jour ou l'autre celle-là me tombera tout naturellement dans les bras. »

Guy s'était retourné, mais il vit avec chagrin que c'était le prince *** et non la comtesse de Briancour qui allait de son côté.

Il se laissa dépasser par le prince pour le saluer, car ils se connaissaient un peu, mais ils ne se parlèrent pas.

Mme de Briancour, qui rentrait chez elle, marcha très vite vers la rotonde du parc et ne se retourna qu'après avoir passé la grille.

Elle marcha encore plus vite parce qu'elle s'aperçut que Guy s'était arrêté pour la suivre des yeux.

« C'est étrange, dit-elle, cet homme me tourmente l'esprit et le cœur : pourquoi donc ? »

Quand elle fut rentrée chez elle, elle murmura :

« Et pourtant je ne l'aime pas plus que je n'aime le prince. Après tout j'aime mon mari. »

Mais elle aimait son mari sans avoir l'art de se cloîtrer religieusement dans cet amour, comme font les honnêtes femmes marquées du sacrement du mariage.

Cette femme, qui avait toute jeune dévoré ses illusions, qui ne s'était laissé prendre à aucun masque, qui avait raillé jusqu'aux plus beaux sentiments, ne pouvait pas toujours élever son cœur au diapason de sa volonté. La plupart des femmes ne vivent, demi-heureuses, demi-distraites, demi-amusées, qu'avec des joyaux sous la main.

Il est bien peu de créatures blondes ou brunes qui ne jouent à la poupée, même après le premier cheveu blanc. Mais vers sa dixième année, Hélène, qui voyait déjà la comédie du monde, avait brisé tous ses joujoux et toutes ses poupées.

Dans ses jours de crise, elle aurait pu se retourner vers Dieu. Embrasser la croix, c'est vivre d'une vie surnaturelle, qui console de toutes les misères du cœur, de toutes les vanités mondaines. Mais Hélène, qui avait mis de trop bonne heure ses lèvres adorables sur la coupe amère de la Science, qui avait écouté les philosophes qui doutent même du doute, ne connaissait plus Dieu. Elle voulait souvent se pencher sur l'humanité qui pleure, mais les faux pauvres et les misères déguisées la dégoûtaient de la charité. Il n'y a que dans les villages qu'on reconnaît bien ceux qui souffrent : aussi Hélène était-elle l'ange de Malval, là elle donnait des deux mains.

Elle n'était pas de celles qui se laissent

tomber dans l'anémie, elle avait le sang trop riche pour montrer les belles pâleurs des vaporeuses, mais elle s'abandonnait à la névrose, parce que les nerfs sont comme la harpe éolienne qui tressaille aux quatre vents de l'esprit, dirait Victor Hugo. Les éthers faisaient son régal dans ses jours rembrunis.

M*me* de Briancour faillit alors devenir morphinomane, non seulement dans sa recherche de l'absolu, qui la forçait à tout tenter, mais aussi parce que son médecin, un autre curieux des nouveautés de la science, l'avait piquée plusieurs fois à la morphine. Elle avait cru y trouver un doux abandon d'elle-même, un sommeil plus profond, une douceur de vivre. Elle y trouva même je ne sais quelle griserie charmeuse qui colorait ses idées et qui lui donnait des rêves, quoiqu'elle eût les yeux ouverts. Elle pensa aux merveilles de l'opium et du hachisch, ces réalisateurs de rêves amoureux qui dispensent les Orientaux de se mettre en campagne pour les conquêtes de la volupté. Elle ne

confia pas ses impressions de voyage dans le
bleu, dans le rose ou dans le noir. Elle s'imagina qu'elle avait mis le pied sur le seuil
d'un monde nouveau, sans se douter que
c'était le bord de l'abîme des ténèbres. Elle
simula d'autres crises de nerfs pour que le
médecin lui fît de nouvelles piqûres. Elle
apprit alors que le hachisch, moins excitant,
conduisait plus doucement l'imagination
dans les griseries idéales. Elle eut peur de
marcher trop vite, mais elle ne voulut pas
rester en chemin. Elle fuma des cigarettes,
que lui procura un chimiste bien connu à
l'Académie des sciences, qu'elle rencontrait
souvent chez la duchesse ***, la plus simple,
la plus belle et la meilleure des duchesses.
Elle avait demandé ces cigarettes en disant
qu'elle n'en fumerait qu'une le soir, pour
bien dormir et pour trouver des rêves char-
mants dans son sommeil. Le chimiste avait
mis un peu d'opium, un peu de hachisch,
un peu de bois de santal et un peu de fleurs
sèches dans du tabac turc. La comtesse

trouva très doux de fumer sa cigarette, mais elle ne se contenta pas d'en fumer une à minuit ou à deux heures du matin, en revenant du théâtre ou des fêtes mondaines. Elle en fuma une après le déjeuner, ce qui l'obligea à faire la sieste. Elle prit l'impérieuse habitude des fumeurs : de deux cigarettes, elle passa à trois, puis à quatre. Elle croyait que ce n'était qu'un jeu, mais c'était un suicide à courte échéance. C'était surtout le suicide de l'esprit, mais qu'est-ce qu'un corps sans âme, même quand on est une des plus belles femmes de Paris? Et Hélène y allait de gaieté de cœur, mystérieusement. Pas un mot qui pût trahir ce bonheur solitaire de la griserie : seulement ses yeux si beaux y perdaient leur limpidité, la source vive du regard était troublée à certaines heures. Hélène ne se tenait plus si fièrement debout dans la grâce des déesses. Elle marchait comme dans un rêve, avec un imperceptible balancement. Mais elle sentit bien sa métamorphose, encore inapparente pour les yeux étrangers, parce qu'elle débrouillait le chaos du rêve dès qu'elle n'était pas seule. Plus d'une fois elle eut peur, et elle résolut d'en finir avec ses révoltes.

Était-ce l'amour irréalisé qui l'avait conduite là? Son esprit avait flotté doucement sans trop de révolte de la figure du prince *** aux beaux yeux de M. de Marjolé. Mais, comme ces voyageurs tentés par la mer et qui ont peur de la tempête, elle était restée sur le rivage tour à tour charmée et effrayée. En quel navire se serait-elle embarquée? dans celui du prince ou dans celui de Guy? Il lui sembla que celui des deux qui l'eût entraînée en la mer des tempêtes c'était le dernier venu. C'est que le nageur de Dieppe l'obsédait par un amour plus violent.

On peut d'autant moins nier les forces du magnétisme que les amoureux, par je ne sais quelle vision de l'âme, se parlent à des distances inouïes. Qui ne se rappelle les légendes des étoiles?

On n'a pas attendu l'invention ni du télégraphe ni du téléphone pour se parler à travers les mondes. Si l'on s'embrasse cœur à cœur, c'est bien; si l'on s'écrit des lettres qui renferment une âme, c'est bien aussi; si l'on n'a que la ressource de la pensée projetée par l'amour, c'est encore quelque chose.

Hélène n'avait ni vent ni nouvelle de M. de Marjolé, elle ressentait en pensant à lui un vif battement de cœur. C'est qu'il l'aimait et qu'à travers l'espace il répandait autour d'elle ce que le moyen âge appelait un ensorcellement, et que la Science appelle aujourd'hui le fluide des attractions.

Ce fut à cette heure psychologique que Mme Heurtemont vint passer quelques jours à Paris. Elle fut attristée des désenchantements et des désespérances d'Hélène. Elle comprit que, n'ayant pas d'enfant et ne croyant guère à Dieu, elle manquait de point d'appui. Son esprit tourbillonnait sur les abîmes. Aussi sa mère, qui connaissait bien les cœurs, dit encore au mari d'Hélène : « Prenez garde à votre femme ! »

LIVRE DEUXIÈME

COMMENT TOMBENT LES FEMMES

I

> *Monsieur le comte et Madame la comtesse de Mackenfield prient Monsieur le comte et Madame la comtesse de Briancour de venir passer la seconde semaine de septembre au château de Murville.*

« C'est moi qui n'irai pas, s'écria M. de Briancour.

— Eh bien, moi, j'irai, » dit Hélène.

La comtesse n'avait jamais permis à son mari de gouverner ses plaisirs à elle ; en toute occasion, elle faisait preuve de souveraineté. S'il eût dit : « Nous irons peut-être », eût-elle répondu peut-être avec bonne grâce. Mais du moment que son mari se prononçait si formellement, elle voulait se prononcer aussi. D'ailleurs, deux ans auparavant, elle s'était beaucoup amusée au château de Murville, elle voulait s'y amuser encore.

Je ne dis pas le vrai nom de ce château, parce qu'on s'y amuse trop. Qu'on sache seulement qu'il est situé en Normandie, qu'il date du quinzième siècle, qu'il est bâti en briques à coins de pierre, que le parc est superbe par sa haute futaie, par ses chênes deux fois centenaires, par ses ormes et ses frênes, dont les feuillages contrastent si heureusement aux yeux pour qui regarde les variations et les nuances du paysage. Le château semble perdu dans les bois comme ceux des contes de fées. Les lignes de chemins de fer, non plus que les routes carrossables, ne traversent ce petit coin tout verdoyant jusqu'au milieu de l'automne. Les plaisirs y sont variés : la chasse, la pêche, la table qui est somptueuse, la musique de chambre, le théâtre de paravent, enfin les jeux innocents qui commencent aux petits papiers et finissent souvent par un cotillon « ruisselant d'inouïsme. » Il y a là grande liberté d'allures et de propos. La maîtresse de la maison, qui est plus ou moins une honnête femme, mais qui n'est jamais tombée dans le demi-monde, a fait dire d'elle dans la *Vie parisienne* qu'elle était le plus mauvais livre de sa bibliothèque, où il y a pourtant les œuvres de la reine de Navarre, de Rabelais, de la Fontaine et des autres gais conteurs jusqu'à Silvestre et Mendès. Mais la comtesse, qui est une femme d'esprit, dit qu'il n'y a pas de mauvais livres, s'ils sont sauvés par l'art de bien dire. C'est son art à elle, aussi lui passe-t-on tous ses hardis et savoureux propos.

Je peindrai le comte en un mot en disant : « C'est un chasseur. » Il n'a qu'une manie :

quand il a accroché son fusil, c'est de se faire cuire lui-même ses cailles. Quand il en a tué quatre pour son déjeuner, il passe les autres à ses convives. Sa femme n'est pas si gourmande ; elle n'a qu'un goût à table, le cidre mousseux, une vraie Normande qui soutient que notre grand'mère Ève est née en Normandie, et qu'elle le prouvera par un mémoire à l'Académie des inscriptions ou à celle des sciences morales.

On trouvait bien la comtesse un peu folle, quoiqu'elle fît beaucoup de bien autour d'elle.

Le laisser-aller dans cette vie de château s'explique par ceci que la comtesse, n'ayant pas eu d'enfants, n'a pas connu les vertus de la mère de famille. Aussi n'invite-t-elle jamais à ces fêtes cynégétiques les fillettes, ni même les toutes jeunes filles. Il n'y a que les demoiselles élevées à l'américaine qui aient leurs entrées au château de Murville. Dès qu'une fille y joue à l'Agnès, on la renvoie au dessert étudier au piano la *Prière*

d'une vierge. N'allez pas croire pourtant que
ce château soit le théâtre de quelques saturnales renouvelées des Grecs. On s'y amuse
à outrance, mais dans le plus pur style parisien : un savant décolletage, qui, en laissant tout voir, laisse encore à deviner.

Mᵐᵉ de Briancour, toujours plus ou moins
ennuyée, n'était pas fâchée d'y aller rire un
peu; son mari lui représenta très gentiment que ce n'était pas là son atmosphère ;
mais elle lui répondit qu'elle voulait vivre
de toutes les curiosités. D'ailleurs, on ne
pouvait pas dire qu'elle se trouverait en mauvaise compagnie, puisque la plupart des
femmes qui allaient au château de Murville
étaient celles qu'on cite tous les jours dans
les échos de la gazette mondaine comme les
reines de la mode parmi les mieux blasonnées.

Hélène partit en disant à son mari :

« Beau dédaigneux, je ne serai pas depuis
vingt-quatre heures là-bas que tu viendras
m'y retrouver. »

Elle fit gaiement le voyage avec une de ses amies qui partait seule aussi ; elles ne prirent pas le compartiment des dames, pour s'amuser des airs gracieux de quelques voyageurs qui s'imaginent toujours être plus ou moins en bonne fortune.

Le lendemain de leur arrivée était le grand jour de chasse à courre. Mme de Briancour s'y distingua comme intrépide chasseresse. Le maître de la maison, qui conduisait la chasse, lui décerna au dîner le grand prix, tout en buvant à ses beaux yeux la première coupe de vin de Champagne.

Ce soir-là on n'aurait pas pu compter les coupes de vin de Champagne remplies par les échansons. Vingt-huit convives affamés : Dieu sait quel travail autour de la table !

Or ce n'était que le commencement; le dessert fut des plus bruyants, les mots risqués plus ou moins spirituels se croisaient à travers les rires. Et toujours le vin de Champagne jaillissait dans les coupes. On avait vidé trois fois le petit baril d'argent, qui roulait autour de la table sur un champ de roses. On alla jusqu'à chanter des chansons et jusqu'à faire des conférences. On épuisa toutes les causeries les plus imprévues et les plus tintamarresques ; les sept sages de la Grèce se fussent couvert le front de cendres en écoutant de si beaux paradoxes. Hélène, célèbre partout pour son esprit imprévu, en débitait-elle beaucoup ?

Elle était moins vaillante que de coutume. Il semblait qu'elle ne se trouvât pas à cette table tapageuse.

C'est que la malice des choses avait voulu qu'elle fût placée à côté d'un convive qui n'était pas attendu.

Ce convive, un ami de Mme Mackenfield, c'était tout simplement Guy de Marjolé.

Hélène fut d'abord foudroyée par cette rencontre, qui réveilla en elle toutes ses rêveries au château de Malval. Était-ce un coup de la destinée ?

Quoique très ému par le voisinage, Guy fut intarissable, tantôt en parlant à Hélène, tantôt en parlant haut. Tout le monde était charmé par ses saillies et ses à-propos.

Hélène, qui connaissait le Tout-Paris, se demandait comment elle n'avait pas encore rencontré M. de Marjolé ailleurs qu'en pleine mer. Guy, en reconnaissant sa voisine, se dit d'abord : « L'aventure se corse. »

Et, s'adressant à Hélène :

« Madame, je ne m'attendais pas à cette bonne fortune; je vous ai tant cherchée partout, et je vous trouve ce soir sans vous chercher. C'était écrit là-haut.

— Comment donc! je suis sûre que notre rencontre a été prédite par Nostradamus comme un des grands événements de la présente année. »

Pourquoi Guy et Hélène ne s'étaient-ils pas rencontrés plus tôt? C'est que M. de Marjolé n'était pas du Tout-Paris. Au sortir du lycée il avait été nommé consul dans l'Amérique du Sud, puis en Orient, puis en Suède, d'où il revenait. Quelque peu fatigué de courir le monde, revenu en juin, il s'était arrêté à Dieppe, où l'attendait un de ses frères. On sait comment il avait vu deux fois la comtesse de Briancour, une fois en nageant et une fois en traversant le parc Monceau. Depuis deux mois, il s'étonnait de l'aimer et la cherchait discrètement. Enfin il la retrouvait quand il n'espérait plus la revoir avant les fêtes de l'hiver. Il avait parlé d'elle à ses amis, mais sans leur dévoiler son cœur, comme un homme bien élevé parle d'une femme du monde. De toutes parts on lui avait dit que Mme de Briancour était une belle moqueuse qui avait commencé des romans avec beaucoup d'adorateurs, mais qui ne les achevait jamais.

Cette rencontre inespérée au château de Murville lui semblait d'un bon augure.

Naturellement, il ne manqua pas de dire encore à sa voisine de table qu'après une première rencontre en pleine mer, cette conjonction d'astres était fatale. Et tous les bavardages qui se débitent sur cette thèse éternelle.

L'inconnu, pour les femmes, a toujours une grande force d'attraction ; qui sait s'il n'y a pas chez un nouveau venu des découvertes précieuses pour la curiosité féminine? Qu'est-ce qu'un homme qu'on voit tous les jours? Un livre qu'on a lu et qui n'a plus rien à vous dire. Tandis qu'on croit interroger un sphinx en arrachant les secrets d'un homme qui n'a pas encore parlé.

Hélène voulut percer à jour son voisin de table, mais c'était un malin qui gardait bien son masque. Il connaissait trop les femmes pour se laisser pénétrer. Il jouait tout à la fois la raillerie et l'ingénuité. C'est toujours bien d'avoir de l'esprit et de faire croire à sa bêtise, c'est-à-dire de faire croire à la femme qu'elle a plus d'esprit que vous.

A un certain moment, Hélène fit remarquer à Guy que ce qui se passait autour d'eux, c'était du plus pur charantonesque.

Guy lui répondit que, depuis qu'il était

dans la diplomatie, il n'avait jamais vu autre chose. Selon lui, au contraire, le vin de Champagne clarifiait les esprits : il ne s'était jamais reconnu si sage qu'avec une pointe de griserie.

« Eh bien, dit sa belle voisine, j'ai une pointe de griserie, et je ne me suis jamais reconnue moins sage ; la preuve c'est que vous me dites des impertinences amoureuses, et que j'y réponds tout comme si je jouais la comédie.

— Mais, madame, vous n'avez jamais cessé de la jouer. Ce n'est pas au Conservatoire qu'on apprend à jouer la comédie, c'est au couvent. Ce qui fait la force des comédiennes, c'est que les femmes du monde ne montent pas sur les planches.

— Grands dieux ! c'est bien assez de jouer son rôle dans la vie, sans garde-fous, car pour nous autres le théâtre du monde est une île escarpée et sans bords...

— Oui, oui, autrefois on n'y rentrait pas dès qu'on était dehors ; mais aujourd'hui la

13.

vertu a cent et une barques de sauvetage : voyez plutôt la belle rousse qui est en face de vous, voyez aussi cette jolie marquise, au bout de la table, qui est en train de séduire ses deux voisins.

— Oui, oui, je les connais bien, mais je ne puis m'expliquer le plaisir qu'on a, si l'on est fière, de tomber dans l'esclavage d'un homme.

— Vous savez nager, madame?

— Vous m'avez vue à l'œuvre.

— Vous savez avec quel plaisir on se jette dans l'Océan : l'amour, c'est l'Océan. »

Quelques convives s'étaient levés de table pour passer dans le salon, à la suite de la maîtresse de céans.

« Eh bien, monsieur, en attendant cette partie de campagne en mer, vous seriez bien gentil de me conduire un peu dans le parterre du château : j'ai entendu dire tant de bêtises, y compris les vôtres, depuis que je suis à table, qu'il me faut à tout prix prendre un bain d'air vif. »

Naturellement, Guy ne se fit pas prier, il se leva et offrit son bras à la comtesse.

Quand on fut sur le perron :

« C'est étonnant, dit Hélène, comme j'ai la tête à l'envers. C'est moi qui ne serai jamais des soupers de la reine d'Angleterre, car le vin de Champagne est mon ennemi. »

En effet, Guy s'aperçut que, pour descendre les marches du perron, Hélène s'appuyait un peu beaucoup sur son bras. Aussi se pencha-t-il vers elle, pour baiser ses beaux cheveux noirs.

Elle s'en offensa si peu, qu'il se hasarda à baiser un de ses adorables yeux bleus.

Cette fois elle voulut dégager sa main du bras de Guy ; mais il lui dit bien doucement qu'il avait voulu baiser une étoile, tant ses yeux le transportaient au septième ciel.

Comme il avait la science don Juanesque, il parfila le parfait amour, jurant que pour lui tout était dans les joies du platonisme.

Tout en promenant la comtesse dans une avenue, puis dans une autre, il fut surpris de faire si vite son chemin d'amoureux : la vérité, c'est que la comtesse, croyant avoir trouvé un sentimental tout dégagé des gourmandises de la volupté, s'abandonnait à lui dans la douce griserie du cœur, surexcitée par la griserie du vin de Champagne.

« J'ai froid, » dit-elle tout à coup.

Il la prit dans ses bras et l'appuya doucement sur son cœur.

« Non, reprit-elle tout émue, mais souriante, ce n'est pas ce manteau-là qu'il me faut.

— Voulez-vous que j'aille vous chercher une pelisse ? »

Et Guy courut vers la salle du billard, où les femmes avaient déposé leurs manteaux, leurs sorties de bal et leurs pelisses. Quand il reparut, la comtesse lui dit :

« Ce n'était pas la peine : nous allons rentrer.

— Pourquoi faire ? Retrouverons-nous jamais cette blanche lune qui, à son premier quartier, nous regarde d'un œil sympathique, ces grands arbres qui nous parlent de tout un siècle évanoui, cette source qui jaillit à deux pas de nous, pure comme les pensées qui jaillissent de notre cœur.

— Oh ! de la poésie ?

— Que voulez-vous qu'on fasse avec vous, sous ces millions d'étoiles qui nous promettent un autre monde. »

En parlant ainsi, Guy, entraînant Hélène, lui montra un banc de pierre moussue sous une arcade de chèvrefeuilles. Elle ne fit pas de façon pour s'asseoir; il se mit tout près d'elle en lui passant le bras autour du cou, toujours sous prétexte qu'elle était frissonnante à l'air vif de la nuit.

Il continua à lui développer ses aspirations toutes platoniques, comme la Précieuse ridicule des *Femmes savantes*. Il laissait aux cochers d'omnibus le privilège des brutalités de l'amour, décidant que la volupté idéale était bien la seule qui valût la peine d'être cueillie.

Seulement il permettait à cette volupté,

toute dégagée qu'elle fût des sens, de respirer le parfum des cheveux, de baiser les yeux, d'appuyer ses lèvres sur le cou, de parler plus près de la bouche que de l'oreille.

M™ⁿᵉ de Briancour protesta, disant que ce platonisme se nourrissait trop de sensualisme ; mais Guy était si tendre en ses effusions sentimentales, que la belle Hélène tombait de griserie en griserie.

Plus d'une fois Guy avait joui de ses fascinations. Il croyait fermement à la domination foudroyante. Il ne doutait jamais de lui, ce qui était sa force suprême ; quand une fois il avait bataillé par l'éloquence du regard, par le magnétisme des lèvres, par la douceur pénétrante de la voix, quand il croyait avoir répandu tout autour de la femme les nuages dorés et empourprés de l'ivresse, il pouvait presque dire : « Mon siège est fait. »

Les belles aventureuses s'imaginent toujours qu'on peut se risquer dans ce combat de l'amour et de la vertu, elles ne doutent pas de leurs forces, quand viendra l'attaque ; les plus hautaines se permettent de rire des impertinents qui se flattent de les vaincre, mais nulle n'a le pied assez montagnard pour défier les précipices.

On n'a jamais bien étudié les forces de l'électricité dans le regard et dans la voix. L'épervier fixe un oiseau, le fascine par l'ébattement de ses ailes et l'affole par son cri. Quand un homme possède une grande force magnétique, il a bientôt raison de la chaste atmosphère de la femme. Il trouble l'âme par ses paroles ; il jette la flamme par ses regards ; ses mains sont les battements d'ailes de l'oiseau de proie. C'est peut-être pour cela que Jésus, qui savait tout, a pardonné à la femme adultère.

Saint Paul, qui connaissait bien le cœur humain, a dit : « Toute femme qui ne va pas au ciel va aux ténèbres. » C'est toujours la légende du bien et du mal. Celle qui ne résiste pas à sa passion sera frappée et flétrie par le vent d'orage, comme le lis et comme la rose. Avant d'accuser la femme, il faut se bien pénétrer de cette idée que son imagination, plus vive que celle de l'homme, l'emporte en des ivresses soudaines dans le chaos ou dans le dédale des aspirations sensuellement idéales. Les femmes qui n'ont pas dépassé la forêt vierge des sensations n'échappent guère au vague désir des voluptés inconnues; elles ont beau se retenir par les deux mains à la robe blanche de la vertu, comme l'enfant se retient à sa mère, elles tombent fatalement dans les heures de crises. Et plus elles sont douées par la force du cœur et par les illusions de l'esprit, plus elles sont près de leur chute. Comment se sauvent-elles de ce péril? Pour la plupart, c'est grâce à la mobilité de leur nature ; une idée passe, un souvenir, un rappel à l'ordre, une vision de la vérité les ramènent à la raison; mais quelques-unes, plus éperdues dans leur ivresse, ne se retournent pas et se réveillent de leur rêve quand la réalité a tué le rêve.

Chez la comtesse de Briancour, la réalité ne tuait jamais le rêve, parce qu'elle avait dans l'esprit une pointe de raillerie qui la retenait toujours contre les amorces de la passion, car plus d'une fois la passion était venue droit à elle dans tout son attirail d'artifices. Elle avait même savouré d'une lèvre gourmande les premières délices de ces coupes d'or qui renferment l'extase et le désenchantement; mais enfin le sentiment du devoir, non pas vis-à-vis du monde, mais vis-à-vis d'elle-même, l'avait toujours mise en garde contre le péril. Sa sœur, presque étonnée d'une vertu qui se risquait trop souvent au combat, pareille en cela à tant de mondaines du jour qui recherchent la lutte, ne fût-ce que pour le plaisir de se moquer des hommes, lui disait souvent : « Ne sois pas si vaine de ta vertu, car tu n'as pas encore trouvé ton maître. »

M. Guy de Marjolé allait-il donc être ce maître jusque-là introuvable? Il faut bien dire que tout concourait à lui donner raison, les griseries du souper, les griseries d'une passion improvisée, enfin les griseries de la nature.

On était déjà en septembre, mais l'été gardait encore toute sa force d'action, la sève d'août montait aux arbres et frémissait dans les feuilles, les brises caressantes secouaient amoureusement la robe des herbes et des branchages; deux orages qui se combattaient à l'horizon lançaient jusque dans le parc des éclairs qui, par leur jeu lumineux, montraient la rosée féconde des parterres. Ce n'étaient que perles et diamants. Quelques lucioles, çà et là, annonçaient un beau jour pour le lendemain, car les orages de l'horizon ne renfermaient ni foudre ni pluie, quoique dégageant des fluides électriques. Et il semblait que la nature, cette grande fascinatrice, qui protège tous les hyménées, qui jette au vent pour les fleurs le baiser des fleurs, qui inspire l'oiseau pour charmer l'oiselle, qui attire les comètes perdues vers les flammes lascives du soleil, qui pousse furieusement la vague, écumante de passion, aux rivages inaccessibles, qui précipite les fauves sur les fauves, qui, complice de Dieu, renouvelle à tout instant le mystère de la création, fût une nocturne matrone, livrant lâchement, par surprise et par violence, cette femme inconsciente aux caresses de l'hypnotiseur. Tout le ciel, moins un amas refoulé de nuages noirs, éclatait en splendeurs dans sa robe semée d'étoiles.

« Rien n'est vrai, dit Hélène en regardant la pléiade, tout est illusion ; ainsi ces scintillements qui font le firmament plus riche sont dans nos yeux et non dans les étoiles.

— Oui, dit Guy, mais l'amour que j'ai dans le cœur, je l'ai aussi dans les yeux. »

Et il regarda Hélène avec une passion montante, tout en se rapprochant au point qu'elle le sentit des pieds à la tête, comme on sent le baiser du soleil en quittant l'ombre.

« Voyons, dit Hélène en agitant les mains, comme pour rejeter le magnétisme, ce n'est plus là de l'amour platonique.

— C'est du plus pur, j'en prends à témoin la lune elle-même, vous savez que Diane est la plus chaste des déesses. »

On voit que Guy continuait à jouer son jeu.

« Voulez-vous, ô ma chaste Diane, veux-tu que je me jette à tes pieds pour te prouver mon culte? »

Et, tout en parlant, l'amoureux s'était jeté aux pieds de la déesse.

« Vous avouerez, madame, que je suis respectueux. »

Mais, tout respectueux qu'il fût, Guy enchaîna encore Hélène, s'appuyant sur ses genoux et l'entourant par ses bras d'une ceinture de feu; la comtesse, qui s'était sentie prise de trop près quand Guy lui parlait presque bouche à bouche, respira plus à l'aise, sans s'apercevoir que Guy reprenait du chemin.

« Relevez-vous, lui dit-elle; si l'on ouvrait la porte du perron, que dirait-on en vous voyant à mes pieds? »

Hélène suivait des yeux les ombres errantes des hôtes de Mme Mackenfield, sur les rideaux de la salle à manger et des deux salons, ce qui l'empêchait d'avoir peur de la solitude à deux. Elle se fût bien moins abandonnée si Guy l'eût entraînée plus loin dans le parc, quoiqu'elle ne doutât pas un seul instant de sa force de résistance, s'il s'avisait de devenir insolent, comme on disait autrefois chez les marquises de l'ancien régime.

« Allons-nous-en, j'ai froid. »

Guy se releva et reprit Hélène sur son cœur.

Tout en se débattant, la pelisse de la comtesse tomba et ses cheveux se dénouèrent.

« O mon seul amour ! que tu es belle ainsi. »

Hélène eut un mouvement de dignité.

Guy l'embrassa sur les lèvres pour étouffer ses reproches. Il l'enveloppa doucement et violemment, répandant autour d'elle toutes les flammes de la passion.

« Grâce ou je crie, vous voyez bien que je suis mourante. »

Guy n'entendait plus rien, pareil à la bête féroce qui se jette sur sa proie.

A cet instant un cri retentit et se répandit d'écho en écho par toute la vallée.

Guy répondit à ce cri par ce mot: « Je t'aime!

— Et moi, je te hais, misérable! »

Et puis, plus rien qu'un gémissement, le gémissement d'une femme qu'on assassine. C'était bien pis : on tuait sa vertu et son orgueil.

Mais cette vaincue se releva terrible, et précipita le vainqueur à ses pieds.

Elle s'enfuit affolée, ne pouvant plus parler, quoique sa bouche fût pleine d'imprécations. Elle courut vers le château, elle eut peur de montrer sa honte. Elle se détourna du perron et rentra, par une autre porte, pour se précipiter dans sa chambre.

Guy était resté pétrifié devant le banc de pierre. Il n'avait jamais vu une femme prendre ainsi le dénouement au tragique ; il pensa à suivre Hélène et à implorer sa grâce ; mais il comprit qu'il n'y avait rien à espérer de cette créature hautaine qu'il avait surprise et non vaincue.

Un de ses amis ayant ouvert la porte du perron, il alla droit à lui et lui prit le cigare qu'il fumait pour en allumer un.

« Que diable fais-tu là à cette heure ?
— J'étudie l'astronomie.
— Eh bien, que vois-tu là-haut ? »

A cet instant une étoile se décrocha du ciel et alla se perdre dans les grands bois du château.

« Voilà qui porte malheur, dit l'ami de Guy, pour toi, pour moi, pour ceux qui ont vu fuir cette étoile. La femme que nous aimons le plus quittera la terre avant un an et un jour comme cette étoile a quitté le ciel. Aimes-tu une femme ?

— Je les aime toutes. »

Ce n'était pas le mot que voulait dire M. de Marjolé, car il sentait déjà que son amour pour Hélène était maître de son cœur et de sa vie.

On rentra au salon, Mme Mackenfield demanda à Guy d'où il venait.

Il répondit qu'il venait du fumoir, où les cigares étaient exquis.

Heureusement pour Hélène, il n'y avait pas là de ces juges d'instruction en robes à queue, qui, à force de questions, découvrent les crimes.

Une demi-heure après on s'inquiéta de ne pas voir Mme de Briancour. Bien à propos une rivale, — car Guy était en pays de connaissances, — dit que Mme de Briancour était un peu grisée et que, sans doute, elle se dégrisait en dormant.

La pauvre Hélène ne dormait pas !

II

Elle appelait toutes les colères, toutes les vengeances, tous les désespoirs.

« Mourir ! dit-elle vingt fois, car la mort seule sera ma rédemption. »

Elle pensa d'abord au poignard de Lucrèce ; elle pouvait le prendre sur sa cheminée, car elle ne voyageait pas sans un poignard ou sans un revolver ; mais elle eut la pudeur de ne pas vouloir se donner en spectacle dans un château où l'on s'amusait.

« Non, non, dit-elle, mourir chez moi ! »

D'ailleurs, comme elle avait tous les courages, elle voulait revoir son mari et se jeter à ses genoux pour tout lui dire.

Elle croyait que son mari lui pardonnerait, lui qui avait tant de fois trahi le mariage ; mais quoi qu'il fît, elle avait trop l'horreur de l'action de M. de Marjolé pour se pardonner à elle-même de s'être abandonnée aux entraînements du sentimentalisme qui lui avait voilé le danger et qui l'avait précipitée ainsi parmi les femmes perdues. Elle n'en revenait pas de s'être aventurée vers sa chute sans la prévoir. Elle cherchait à s'expliquer cet affolement du souper, de la promenade au clair de la lune, de la douceur d'être aimée, même quand on ne sait pas si l'on aimera. Était-il possible que ce fût elle, elle, la comtesse de Briancour, qui était saluée très haut dans le monde parisien? Elle s'était, dans la gaieté de son esprit, bien souvent hasardée à rire avec les railleurs et à dépenser ses regards et ses sourires sur la cohue des adorateurs qui courent les femmes du monde.

Comme tant d'autres, elle avait recherché les enivrements de la valse et du cotillon. Certes, elle ne se croyait pas une sainte, mais pour elle il y avait loin de la coupe aux lèvres. Son mari aurait pu continuer longtemps ses frasques dans le monde où l'on s'amuse, sans que ce fût pour elle une raison de faire une chute. D'ailleurs c'était surtout pour elle, pour sa dignité et pour sa vertu qu'elle se retenait depuis si longtemps au rivage.

Et toute cette jeunesse si noblement préservée, cette blancheur tout éblouissante, n'était plus que de la neige sous du fumier !

Après cette surprise, qui venait de faire une femme perdue d'une femme honnête, Hélène ne se fit pas d'illusions, elle se sentit tomber au fond de l'abîme sans espoir de revoir le ciel. Beaucoup de femmes à sa place se seraient dit qu'après tout ce n'était là qu'une revanche, puisque son mari lui avait montré le chemin ; mais Hélène avait le cœur trop haut placé pour se réconforter à ces idées-là.

Quand les femmes se vengent à outrance, ne se vengent-elles pas sur elles-mêmes ? En effet, ne sont-elles pas les premières victimes ? Combien qui s'imaginent qu'elles s'en vont gaiement aux funérailles de leur honneur, tandis que presque toutes se frappent le cœur dans leur déchéance. Certes, dans l'affolement, la femme bien élevée ou même la femme mal élevée, qui se donne au premier venu comme peine du talion, parce que son mari s'est donné à la dernière venue, croit volontiers que ce n'est qu'un coup de tête; mais, quand elle descend en elle-même et qu'elle voit que c'en est fait de sa dignité de femme, elle a mis un pied dans l'enfer du remords; elle tend les bras en désespérée vers cet arbre de vie dont elle a cassé la plus belle branche. Et toutes les branches casseront pour elle. Elle ne se retrouvera plus dans la sérénité bleue de son âme. Elle ne verra plus que récifs, écueils, tempêtes et naufrages. Elle cherchera vainement l'horizon pur qui prédit un beau lendemain; son navire tout démâté n'arrivera plus au rivage.

Une femme a dit : « Si les femmes savaient ! » Elles savent tout, hormis cela : c'est qu'aucune d'elles n'a voulu sonder la profondeur de l'abîme, soit qu'elles aillent à une déchéance par les amorces de la volupté ou par les affolements de la vengeance. La mort seule les console d'avoir violé la sainteté du mariage.

Aussi Hélène elle-même, quoiqu'elle pût se rejeter sur la surprise, ne voulut pas se consoler.

Peut-être voulait-elle moins se consoler encore d'avoir trahi la majesté de la femme.

Son héroïne à elle, c'était cette belle et douce Jephté, qui se sacrifie à Dieu pour son père dans toute la splendeur de sa blanche virginité. Or, pour Hélène, une femme qui n'a pas été à d'autres qu'à son mari, peut toujours s'envelopper du voile de la virginité, parce que le mariage est un sacrement. Aussi, tout en mourant par un sacrifice, elle était désespérée de ne pouvoir prendre pour linceul son voile d'épousée.

III

Si M. de Cupidon était encore de ce monde, je parlerais de son despotisme cruel sur tous les cœurs; mais, puisque la vieille comédie de l'Olympe ne fait plus d'argent que pour représenter la caricature des dieux, ce qui est un outrage à l'antiquité, je me contenterai de dire que l'amour est l'âme du monde comme le soleil est l'âme de la terre. Or cette âme, naturellement invisible et impalpable, prouve à toute heure sa force irrésistible. Nul n'y échappe. La femme, à qui Dieu a donné la rébellion par la pudeur, se croit à l'abri de l'amour quand elle revêt la robe de la vertu, mais elle est comme l'oiseau qui vole dans le bleu, s'enivrant d'air pur, que l'épervier guette et fascine jusqu'au moment où, battant des ailes dans sa victoire, il le frappe d'un coup mortel.

D'où vient que nous nous indignons contre l'épervier et que nous pleurons l'oiseau, tandis que, si Lovelace fascine la femme et l'étreint jusqu'à la mort de sa vertu, nous condamnons la victime et nous saluons le conquérant. C'est que la femme est armée d'une force morale qui doit triompher de Lovelace. Et pourtant combien de fois une pauvre créature a été conquise sans pouvoir se défendre. Elle ne voit sa chute qu'en se réveillant à la raison; la force brutale l'a entraînée dans l'abîme. C'est l'heure fatale des adultères, des enfants naturels, des désespérances.

Il y aura toujours des Lucrèces. Pour ne pas s'offenser dans le style de la tragédie, elles n'en seront pas moins noblement indignées.

Une femme n'est jamais à l'abri d'une violence soudaine soit par la brutalité, soit par la fascination : l'hypnotisme n'est pas un vain mot, toutes les femmes qui sont surprises ne se poignardent pas, mais quelques-unes meurent de leur défaite, non pas dans la mise en scène épique de Lucrèce, mais dans le silence, souvent dans la solitude, car il y a de toutes les solitudes.

J'admire Lucrèce puisqu'elle lave dans son sang le crime de Sextus, mais je l'admirerais bien plus si elle fût morte sans rien dire, à moins qu'il ne me faille me réjouir de la révolution qu'elle a armée contre les Tarquins. Une femme d'esprit disait il n'y a pas longtemps chez une princesse impeccable où Lucrèce était évoquée :

« Je ne comprends pas qu'au lieu de se poignarder après, elle ne se soit pas poignardée avant. » Ce n'est que la réédition de l'ancienne épigramme :

Casta Suzanna placet; Lucretia, cede Suzannæ :
Tu post, illa mori maluit ante scelus.

N'est-ce pas le malin Fontenelle qui a traduit cette épigramme en prose rimée :

Des fureurs de Tarquin malheureuse victime,
Lucrèce, vante moins ton généreux effort.

Le crime a précédé la mort,
Ta mort eût prévenu le crime.

Il y a une autre épigramme en prose non rimée : Si Lucrèee s'est poignardée, c'est dans son remords du plaisir pris malgré elle avant l'angoisse d'une immolation.

Quand Ponsard, échappé de collège, se hasarda dans ce sujet impossible, les Parisiennes devinrent Romaines pour un instant ; les romantiques se moquèrent du poète en disant que c'était le vieux jeu, puisque la grande scène de la tragédie se passait dans la coulisse : n'était-ce déjà pas trop de la raconter? Ponsard trouva de beaux vers, mais son récit valait-il celui d'Ovide, au livre II de ses *Fastes?* Quoi de plus chaste, de plus touchant, de plus simple, de plus sublime que ces mots, quand Lucrèce devant son père, son mari, sa famille, va parler de l'attentat de Sextus : *Restabant ultima... Flevit.*

IV

L'aurore répandait déjà un or pâle sur les nuages de l'horizon. Hélène traversa tous les enfers en cette horrible nuit, où elle ne ferma pas les yeux.

Quand tout le monde fut endormi, elle ouvrit la fenêtre. Après avoir humé quelques bouffées de brise, Mme de Briancour se rejeta éperdue dans sa chambre : elle venait d'apercevoir Guy errant sous les arbres.

Lui non plus n'avait pas dormi.

Croyait-il, en passant et repassant sous la fenêtre d'Hélène, qu'elle lui ferait signe de venir lui demander grâce? Elle se promena par la chambre, de plus en plus agitée et fiévreuse. Elle avait rejeté ses cheveux sur ses épaules. Tout à coup, se voyant dans la glace sous le demi-jour, elle s'imagina voir un fantôme; elle fut effrayée de se reconnaître dans la pâleur d'une morte; il lui sembla que la mort lui jetait déjà son reflet.

« Est-ce bien moi? » se demanda-t-elle en se regardant avec horreur et avec pitié. Elle pensa dans son désespoir à cette déchéance soudaine qui la précipitait parmi ces mondaines et ces demi-mondaines, dans l'abîme des femmes perdues. Quoi! après avoir vaincu son cœur pendant si longtemps, après avoir veillé sur sa chasteté avec la pieuse ardeur de la vestale antique sur le feu sacré, après avoir juré tant de fois qu'elle traverserait toute blanche l'enfer parisien, elle n'était plus que la première ou la dernière venue! Nulle femme au monde n'a senti si bien que la comtesse les douleurs de la chute : toutes ses fiertés tombaient à ses pieds blessées à mort.

Elle perdait tout à la fois la dignité de la femme et la dignité de l'épouse; elle trahissait sa famille dans le passé et dans l'avenir. Oserait-elle désormais regarder sa mère?

Ses yeux se couvrirent de larmes.

Elle se regarda encore dans la glace.

Comme une obsession démoniaque, la figure de Guy lui apparut souriante et ironique, penchée au-dessus d'elle pour la ressaisir dans ses bras.

« Et il me faudrait déjeuner en face de lui, devant toutes ces figures qui, peut-être, devineraient ma lâcheté ! Non, non, reprit-elle après un silence ; je ne veux pas le revoir. »

Elle se promena encore : « Après tout, pourquoi ne ferais-je pas comme les autres ? »

Elle pensa que M. de Marjolé était un vrai charmeur, puisqu'il l'avait surprise dans une seconde d'ivresse amoureuse; elle pensa qu'elle pourrait continuer ce roman à peine commencé; elle pensa à toutes les joies douces ou furieuses que donne la passion; mais elle se révolta à ce rêve d'un instant pour revenir à ses malédictions contre Guy et contre elle-même.

« Hélas! dit-elle, il n'y a pas d'assez rude pénitence pour oublier cette nuit fatale. »

Elle songea à sa sœur à propos de pénitence.

« Ah ! ma sœur, elle est bien heureuse de
se jeter aux pieds du Christ et de lui demander grâce; de pleurer toutes les larmes en
priant Dieu; d'avoir cette foi étrange de
croire que tout est oublié parce qu'on a
frappé trois fois son cœur en confessant sa
faute ! Moi, je sens bien que je me souvien-
drai toujours, toujours. »

Et après un soupir : « O ma mère ! pourquoi ne m'avez-vous pas, comme à ma sœur,
donné la foi en Jésus. Mais on me dirait que
Dieu me pardonne, je ne me pardonnerai
pas moi-même. »

Il y avait tout justement dans la chambre
une petite Madeleine de Diaz représentée
dans le désert tenant une tête de mort.
C'était une Madeleine qui ressemblait beaucoup aux coquines du quartier Bréda, où le
peintre avait son atelier; mais, après tout,
c'était une Madeleine repentie. « Pourquoi,
dit la comtesse, ne croirai-je pas aux miracles
des larmes, au pardon de Jésus ? » Elle se
rappela ses conversations avec Renan et

autres philosophes mondains qui doutent de tout, hormis d'eux-mêmes; elle se rappela un voyage à Jérusalem où elle avait trouvé Mahomet plus triomphant que Jésus; elle se rappela les ironies de son ami le marquis de Rochefort, qui a commencé par un sonnet à la Vierge et qui finira par cueillir la dernière fleur d'athéisme.

« Quelle folie! dit-elle. S'il y a un Dieu, est-ce qu'il s'occupe de nous? S'il y a un Dieu, il a créé le monde pour s'amuser, sans jamais vouloir s'inquiéter de nous voir pleurer. »

Hélène pensa que Dieu, présent ou absent, elle n'en avait pas moins sa conscience, cette part de divinité qui est la seule fortune du monde. Or c'était bien sa conscience qui, à cette heure, la flagellait pour avoir mal fait.

Qui donc pouvait apaiser sa conscience? Ne la verrait-elle pas toujours, marchant près d'elle, comme son ombre, portant sous ses yeux ce miroir de la vérité où nous voyons toutes nos fautes?

« Ah! dit la comtesse avec un accent de

colère, que ne puis-je effacer le souvenir de cette heure d'amour et de malheur ? »

Elle retourna à la fenêtre. La nature, l'éternelle et l'impassible, lui montra toutes les beautés d'une journée d'automne.

Le soleil venait de se lever, les nuages s'éparpillaient et s'évanouissaient en légères trames d'argent, le parc prenait çà et là les teintes chaudes des feuilles brûlées. C'était la vie encore dans les panaches verdoyants, mais déjà le vent d'équinoxe avait éclairci les branches. Quoique tout fût gai à la vue, on sentait venir les mélancolies d'octobre ; en une seule nuit la gelée blanche pouvait dépouiller les arbres les plus fiers. « Oui, dit Mme de Briancour, c'est l'hiver qui va venir, et la neige tombera bientôt. »

Il lui sembla qu'il lui serait doux de se coucher sur les dernières feuilles et de sentir pendant tout un jour et toute une nuit les flocons de neige tomber sur elle pour la glacer et l'ensevelir. « Ainsi, dit-elle, je serais lavée des embrassements de Guy. »

V

Quand on sonna au château la cloche pour le déjeuner, on vit, en moins de cinq minutes, arriver tous les hôtes dans la grande salle à manger.

« A table, à table, dit la maîtresse de la maison, car nous partons pour la chasse à une heure précise. »

Tout le monde se retrouva comme au dîner de la veille.

« Qui donc n'est pas descendu? demanda un convive en indiquant une place non occupée.

— Par Dieu, dit un autre, c'est cette paresseuse de comtesse.

— Elle a toujours peur de n'être pas assez belle, dit une coquette.

— On s'est couché si tard! Elle n'est peut-être pas réveillée, » dit une dame qui dormait encore.

M. de Marjolé garda le silence. Ce qui fit dire à une malicieuse :

Il garde de Conrard le silence prudent.

« Tant pis, dit une jalouse à la maîtresse de la maison, on a sonné deux fois, viendra qui voudra. »

On déjeuna en toute hâte, en se redisant les nouvelles du matin, lues dans les journaux.

Quand on leva la séance, Guy, plus inquiet encore qu'en se mettant à table, s'en alla droit à la porte de Mme de Briancour. Il frappa, quoique la porte fût entr'ouverte. Une femme de chambre du château vint vers lui.

« Madame de Briancour ?

— Ma foi, monsieur, je suis en train de faire son lit, mais je ne crois pas qu'elle revienne.

— Quand donc est-elle partie ?

— Tout au matin. Elle m'a prié de l'accompagner à la gare. Le valet de pied voulait qu'on attelât pour la conduire dans la victoria; mais elle a dit que ce n'était pas la peine, puisque la gare est à cinq minutes du château. Elle ne voulait réveiller personne : aussi a-t-elle laissé ici ses deux malles; elle n'a emporté que son nécessaire de voyage. »

Guy écoutait à peine, il regardait dans la chambre comme s'il dût y trouver Hélène.

« Que vous a dit madame en partant?

— Rien du tout; elle était blanche comme une morte. Elle m'a donné un billet de cent francs et je me suis mise à pleurer. »

Guy alla s'enfermer chez lui comme pour prendre conseil de la solitude, mais aussi pour ne pas partir dans la cavalcade de la chasse. C'était trop gai pour lui. D'ailleurs, il voulait courir après Hélène sans qu'on le sût au château.

Où courir? Il pouvait bien retourner à Paris, mais il n'avait pas le droit de se présenter chez la comtesse. Il ne s'expliquait pas encore son désespoir, lui qui n'en était pas à sa première bonne fortune, lui qui avait toujours vu un lendemain plus ou moins amoureux.

« On a beau pratiquer les femmes, murmura-t-il, on ne les connaît jamais. »

Ce qui fait la force des femmes, c'est qu'elles sont toutes dissemblables.

M. de Marjolé subissait une grande douleur, il pressentait qu'il y avait là un amour tragique. « Hier je ne l'aimais que par les yeux, dit-il ; aujourd'hui, je l'aime de toutes les forces de mon cœur, à l'inverse de tant d'autres femmes que j'aimais la veille et que je n'aimais plus le lendemain. »

VI

Pourquoi Mme de Briancour était-elle retournée à Paris sans dire un mot d'adieu à la maîtresse de la maison ? Craignait-elle qu'on lût sur son front sa défaite de la nuit? D'ailleurs, en allant à la chambre de son amie, elle avait peur de rencontrer Guy et de ne pouvoir maîtriser son indignation; elle se sentait capable de tout, son revolver était toujours sur sa cheminée; peut-être que si elle se fût retrouvée dans sa chambre avec M. de Marjolé, elle eût tenté de se venger sur lui et sur elle. Et puis elle n'était pas bien maîtresse de sa pensée : son seul désir était de s'enfuir et de ne pas se retourner pour voir ce château de malheur.

Quoiqu'elle eût pris le train express, elle s'impatientait en route d'aller si lentement. Quand elle arriva chez elle, cinq heures après son départ, il lui sembla qu'elle avait fait cinq cents lieues.

La première personne qu'elle vit en entrant, ce fut sa sœur qui redescendait l'escalier après avoir pris de ses nouvelles.

« Ah! te voilà! enfin.

— Oui, enfin! Je donnerais ma vie pour être revenue un jour plus tôt.

— Que me dis-tu là? que s'est-il donc passé?

— N'en parlons pas! Comment vas-tu, toi?

— Tu vois, comme une femme qui s'ennuie.

— Eh bien, remonte là-haut, je suis contente de te voir, je veux que tu passes ta journée avec moi. »

Les deux sœurs s'embrassèrent avec plus d'effusion que de coutume. Elles s'aimaient bien, mais comme on s'aime à travers toutes les distractions mondaines. Hélène demanda à la marquise si elle avait vu M. de Briancour ces jours derniers.

« Je crois bien, il est venu hier me demander à dîner.

— Est-ce qu'il t'a parlé de moi ?

— Beaucoup ; je te connais bien des amoureux, mais ton mari est encore le plus affolé. »

Hélène baissa la tête et serra la main de sa sœur.

« Tu sais bien que je n'ai jamais aimé que mon mari.

— Oui, oui, tu es une chercheuse, mais tu serais désolée de trouver. »

Hélène soupira :

« Que t'a-t-il dit ?

— Toujours la même chanson : tout en te trompant, il ne peut vivre sans toi ; il était furieux que tu fusses partie sans lui pour le château du Diable où l'on vit trop à l'anglaise. Il a horreur de ces soupers de chasse qui ne finissent pas, dont l'intimité est déjà un outrage aux femmes ; pour moi, j'y suis allée une fois, j'ai bien juré qu'on ne m'y reprendrait plus.

— Tu as eu bien raison ; ces buveurs de vin de Champagne se croient avec des filles.

— Mon opinion, ma chère Hélène, c'est que tu ne devais pas aller là sans ton mari. Il en pleurait de rage; mais il est si galant homme après tout, qu'il te laisse toute liberté, sachant d'ailleurs que tu es une impeccable ; il n'en est pas moins attristé de te voir tout braver, parce qu'il a toujours peur que les autres ne te jugent pas si bien que lui.

— Les autres, qu'est-ce que cela me fait?

— Nous avons deux maris qui sont des anges; le mien a toutes les bontés, le tien est le plus exquis des gentilshommes. Il vit un peu à la diable, comme le mien, mais quand il parle de toi, c'est le cœur qui parle. Il a toutes les délicatesses du sentiment le plus profond, aussi lui pardonne-t-on bien vite ses folies.

— Oh! je le connais bien, murmura

Mme de Briancour d'une voix étouffée par un sanglot.

— Tu pleures ? »

Les deux sœurs étaient dans le petit salon. La porte s'ouvrit, Mlle Aurore entra et demanda les ordres. Hélène lui fit signe de sortir, mais en essayant un sourire, car elle regardait toujours Aurore comme une amie.

« Aurore, je ne suis pas revenue, hormis pour le comte, à qui j'ai adressé une dépêche ce matin.

— Monsieur a dû recevoir votre dépêche, mais il a aujourd'hui une élection au Jockey-Club. »

Aurore referma la porte. Hélène alla pousser le verrou et revint à sa sœur. Elle la regarda d'un œil troublé.

« Blanche, tu crois à la confession ?

— Oui.

— Pourquoi ?

— Pourquoi? je vais désespérée au confessionnal et j'en reviens consolée.

— Tu ne me feras pas croire que quand

tu t'es humiliée devant un prêtre, tout est sauvé pour toi.

— Cela est ainsi.

— Je comprendrais, puisque tu crois à la divinité de Jésus, que tu te jetasses au pied de la croix et que tu y répandisses toutes tes larmes sans autre confession.

— Peut-être que ce serait aussi l'expiation, mais je suis catholique, apostolique...

— Et pas Romaine, » interrompit Hélène, qui dans les situations les plus graves ne pouvait s'empêcher de jouer avec l'esprit.

En effet la marquise n'était pas Romaine dans le sens antique du mot, elle n'avait jamais touché au poignard de Lucrèce.

« Tu es bien heureuse, reprit Hélène, d'avoir conservé la foi : tu ne cherches pas ton chemin; moi, je le cherche toujours.

— Tu n'en es pas plus heureuse.

— Oh! non, certes. Pourquoi Dieu est-il si loin?

— Pour moi, je trouve que Dieu n'est pas loin du tout.

— Ce qui ne t'empêche pas, si Dieu est près de toi, de ne pas le voir quand tu oublies ses commandements.

— C'est vrai que je ne vois pas Dieu, mais quand je vois le fils de Dieu, je redeviens meilleure. Je n'ai jamais commis une faute en face de Jésus. Pourquoi ne veux-tu pas croire que Dieu, dédaignant de se montrer à nous, a bien voulu que son fils prît une figure humaine pour nous tendre la main ? »

Mme de Briancour se rappela que le matin en allant au train express elle avait éprouvé une forte émotion en voyant un calvaire. Elle avait fait le signe de la croix contre son habitude. Elle s'était demandé pourquoi. Sans doute parce qu'elle avait péché. C'était donc un premier pas vers Dieu. Que Jésus fût ou non le fils de Dieu, pourrait-on nier qu'il ne porte pas la parole divine ?

« Ma chère Blanche, dit Hélène en embrassant sa sœur, nous reparlerons de Dieu ce soir ou demain; en attendant fais-moi la

grâce de me donner pour un jour cette croix
d'or que tu portes toujours sur ton cœur.
Tu vivras bien un jour sans cette croix ? »

Disant ces mots, Mme de Briancour fit jouer
le fermoir de la chaînette qui retenait la
croix.

« Oh ! je suis bien heureuse de te la donner,
car j'en ai d'autres, moi. »

Hélène appuya ses lèvres sur la petite figure
du Christ.

« Ce n'est pas, dit-elle, la figure du fils de
Dieu que j'embrasse, c'est la figure de
celui qui a été crucifié pour avoir parlé
comme un Dieu.

— Toujours incorrigible, dit Blanche ; il
n'y a que les simples d'esprit qui aient
raison. »

Elle prit dans ses doigts le front de sa sœur.

« Pourquoi aussi t'es-tu logé là des idées
de l'autre monde ?

— L'autre monde ! Ah ! s'il existait ! Mais
non, il n'y a pas d'autre monde ; d'ailleurs
j'aime mieux la nuit toute noire du tombeau.

— Tu ne reviens pas gaie. Veux-tu que nous dînions ensemble? je t'amènerai mon mari, il te fera rire un peu.

— C'est convenu, amène-moi ton mari, le mien sera revenu... et je ne veux pas de tête-à-tête... »

En embrassant Blanche, Hélène, qui ne l'avait retenue que pour lui ouvrir son cœur, voulut enfin lui parler de l'horrible aventure, mais la parole ne put franchir les lèvres.

La marquise s'en alla à ses bonnes œuvres et la comtesse s'enfonça plus profondément dans son chagrin.

« Mourir! » murmura-t-elle à plusieurs reprises.

Ce n'était pas la première fois que la comtesse appelait la mort, mais les forces de la vie avaient toujours eu raison de ses idées funèbres. Elle avait, d'ailleurs, l'horreur, non pas du néant, mais du noir, tant ses beaux yeux aimaient la lumière. Elle disait que le néant c'est le sommeil profond des

Indiens, mais elle avait peur, comme Edgar
Poë, que la tombe n'eût encore ses rêves. Qui
sait si, dans la solitude du cercueil, sous le
marbre du tombeau, ce qui reste de nous
ne ressent pas les affres de la mort ? Elle
avait beau se dire que c'étaient là des idées
de poëtes qui veulent se faire peur à eux-
mêmes, comme font les enfants qui mettent
des masques devant le miroir : cette femme,
qui ne croyait à rien, avait gardé je ne sais
quoi des superstitions anciennes. Comme le
régent, Philippe d'Orléans, qui niait Dieu et
qui affirmait le diable, Hélène avait peur,
tout en voulant mourir, de se réveiller dans
le suaire et de trouver le lit mauvais. Et
pourtant, à quoi bon vivre ? N'avait-elle
pas tout vu, tout senti, tout médité, cette
curieuse trop tôt désabusée des beaux jours
de la vie; cette capricieuse cruelle, qui avait
cassé toutes les branches de son arbre de
science; cette rieuse amère, qui, dans son
scepticisme, n'avait eu de vaillance ni pour le
bien, ni pour le mal. Attachée, non pas au

mât du vaisseau, mais au rivage, elle n'avait voulu s'embarquer ni dans les poésies, ni dans les tempêtes ; elle s'était contentée de voir de loin les flots caressants et les vagues furieuses. A quoi bon vivre? Elle avait percé à jour toutes les malices humaines, cousues de fil blanc, toutes les hypocrisies, tous les masques. Que ne savait-elle pas? Était-ce bien la peine de rouvrir ce livre monotone dont elle avait déjà relu toutes les pages ?

Et puis, après cette chute qui la rejetait au second rang, elle qui s'était toujours tenue victorieusement au premier, vivrait-elle avec cette honte dans l'âme, même si sa lâcheté n'était pas connue des autres. Que ferait-elle de sa conscience toujours indignée? Qui sait si M. de Marjolé ne conterait pas sa bonne fortune, comme font tous ses pareils?

Il était de son monde : quelques détours qu'elle fît, elle le rencontrerait. Elle aurait beau détourner les yeux, il lui faudrait voir cet homme qui était son désespoir !

« Et si je l'aimais ? » dit-elle tout à coup, dans le trouble de ses idées.

Et, tout en ne le voulant pas, elle s'abandonna, un instant, à ce mauvais rêve d'une femme du monde tombée dans le demi-monde : ne pouvait-elle cacher son jeu et se partager entre un mari et un amant, dans l'odieux horizon de l'adultère ?

Mais ce mauvais rêve n'eut pas prise sur cette âme fière et blanche, qui n'avait pas été entraînée dans la chute corporelle.

« Plutôt mourir ! » dit-elle en s'indignant encore.

Et elle agita les mains, comme pour repousser bien loin les visions d'une existence à trois personnages : un amant qui trompe le mari, un mari qui trompe l'amant, une femme qui trompe le mari et l'amant.

Elle appela Mlle Aurore par trois coups de timbre.

« Ah ! que je suis heureuse de revoir Mme la

comtesse, dit cette fille, qui avait, on le sait, tous les secrets de sa maîtresse.

— Aurore, j'ai eu, là-bas, en Normandie, des syncopes qui m'ont inquiétée; mon mari ne va pas rentrer encore; je veux faire mon testament. Allez chercher mon notaire.

— Faire votre testament, madame? Après tout, cela porte bonheur.

— Je vous dis que je veux faire mon testament.

— A quoi bon un notaire? Un testament c'est tout simple; il faut le faire soi-même: les testaments olographes sont les meilleurs.

— Vous avez peut-être raison, Aurore. Allez me chercher du papier timbré.

— C'est bien inutile, madame; votre succession fera timbrer, moyennant trois louis, la feuille de papier où vous aurez écrit vos dernières volontés.

— Qui vous a dit cela?

— Tout le monde. J'ai d'ailleurs des amoureux dans la basoche qui m'ont renseignée, un jour que je voulais me jeter par la fenêtre... car sans vous je me jetais par la fenêtre...

— Qui sait? » dit tout bas la comtesse.

Aurore apporta tout ce qu'il faut pour faire un testament réduit à sa plus simple expression.

« Ne m'oubliez pas, madame, léguez-moi un de vos portraits ! »

Mme de Briancour écrivit au courant de la plume :

« Ceci est mon testament. Je donne tout
« ce que j'ai à mon mari, qui fera une dot
« de cinq cent mille francs à Mlle Éliane de
« Virmont, ma nièce bien-aimée ; ma mère
« et ma sœur prendront, dans mon mobi-
« lier, dans mes livres, dans mes bijoux,
« tout ce qui leur plaira.

« Je donne cinquante mille francs à Mlle Aurore, ma femme de chambre.

« Écrit à Paris, le 15 septembre 1884.

« Hélène Heurtemont, comtesse
« de Briancour. »

« Voilà, dit Hélène, qui n'est pas compliqué. »

Elle demanda une bougie allumée et cacheta ce testament, après quoi elle écrivit sur le revers : *Testament de M*^{me} *de Briancour.*

« Aurore, si vous êtes encore ici quand je mourrai, n'oubliez pas de remettre ceci à mon mari.

— A la bonne heure! dit Aurore; maintenant madame n'aura plus de syncopes. »

Hélène se leva et se promena par tout l'hôtel, comme pour dire adieu aux tableaux, aux tentures, aux meubles, à tout ce qui avait été la distraction de ses yeux. A certains moments, les meubles, les tentures, les tableaux prennent une expression familiale; ils vous parlent et vous rouvrent le livre du passé. N'ont-ils pas été témoins des mille et une actions intimes de la vie? C'est tout un monde qui s'agite sans faire un mouvement. Hélène fut touchée au cœur de toutes ces physionomies silencieuses qui, pourtant, bruissaient dans ses oreilles. Jamais elle n'avait si bien senti la douceur du chez-soi.

« Voilà, dit-elle, les vrais amis, pourquoi les quitterais-je? Ne puis-je pas vivre ici, me moquant de toutes les imbécillités du dehors? »

Elle se demanda comment les honnêtes femmes prenaient la folie de courir le monde pour n'y trouver que le néant et pour s'oublier elles-mêmes, puisque ce n'était qu'au coin de leur feu qu'elles retrouvaient leur cœur, leur esprit, leur âme. Pour la première fois elle reconnut ces vertus de la famille aujourd'hui évanouies, elles qui avaient fait la France si fière et si forte.

La comtesse s'attendrit à cette pensée, mais tout en soupirant elle murmura :

« Il me fallait un berceau! Voilà pourquoi Dieu n'existe pas, car je l'ai tant supplié de me donner un enfant! »

Et comme elle ne pouvait rabattre la légèreté de son esprit, elle murmura:

« Sans doute Dieu avait tout autre chose à faire! »

VII

Quand le comte de Briancour arriva à l'hôtel, il alla droit à la chambre de sa femme.

« Tu es malade ? lui demanda-t-il, surpris de la pâleur d'Hélène.

— Oui, je suis revenue de là-bas après une mauvaise nuit. Tu avais raison, on s'amuse trop dans ce monde-là.

— Ou plutôt, dit le comte, on y fait trop semblant de s'amuser, car je n'ai jamais compris ce plaisir de passer la moitié de la nuit à jouer aux jeux innocents tout en buvant du vin de Champagne ou du cidre mousseux. J'aimerais mieux voir les saturnales antiques.

— Aussi tu ne t'imagines pas comme je suis revenue triste. Je suis bien heureuse de te revoir et de changer d'horizon. Ma sœur viendra dîner avec son mari ; soyez gais tous les trois, d'une gaieté parisienne, pour me déprovincialiser, car on a beau emmener des Parisiens dans son château, on y est toujours en province. »

Hélène parlait vite, ne pensant pas bien à ce qu'elle disait, n'ayant qu'une préoccupation, celle de ne pas regarder son mari en face, comme s'il dût lire sur sa figure la honte de tous les deux. Elle lui conta qu'elle avait peur de devenir folle.

« Tu ne me croiras pas: tout à l'heure, je me disais comme Hamlet : Être ou n'être pas.

— Allons donc ! tu connais mes idées : la vie est une dignité dont Dieu nous a revêtus, notre devoir est de vivre; nous aurons toujours le temps de penser à n'être plus quand viendra la mort. »

Le comte avait embrassé sa femme, il l'embrassa encore et passa dans sa chambre.

Mlle Aurore le suivit de près et l'avertit qu'il y avait quelque chose de troublé dans l'esprit de la comtesse; elle ajouta que son devoir la forçait de lui dire que sa maîtresse avait fait son testament; elle espérait bien que ce ne serait qu'un orage, parce que le comte aurait l'art de la ramener à des idées moins sombres.

Quand Georges fut seul, il s'inquiéta bien un peu du visage tout défait de sa femme :

« Pourquoi diable a-t-elle fait son testament? »

Et comme l'homme le plus noble est toujours un homme, il pensa à percer le mystère de ce testament. Avait-elle pensé à lui? Mais aussitôt il se dit que cette curiosité n'était pas digne d'un galant homme; d'ailleurs sa femme n'allait pas mourir en pleine jeunesse, elle qui n'était jamais malade.

Et tout en s'habillant pour le dîner, il chanta à mi-voix je ne sais quel air d'opéra.

Le marquis et la marquise arrivèrent bientôt. La comtesse, qui avait verrouillé sa porte, se fit quelque peu attendre au salon, où elle n'arriva qu'à l'heure de se mettre à table. Grâce au marquis, le dîner commença gaiement; il avait l'habitude d'orner sa mémoire de toutes les nouvelles à la main, qui émaillent les journaux; il avait été à l'école d'Alfred Arago et de Henry Lavoix, deux dîneurs à feu d'artifice comme les Ruggieri des gazettes à la mode. Le dîner se prolongea jusqu'à neuf heures et demie; Mme de Briancour n'avait jamais été si gaie; on pouvait juger que c'était une gaieté d'emprunt; mais les couleurs lui étaient revenues; elle avait trois fois vidé sa coupe de vin de Champagne, disant que c'était pour complaire au marquis.

On passa dans le salon; ce fut un changement de température pour la gaieté, on s'attrista bientôt à ce point que la comtesse dit à son beau-frère et à sa sœur :

« Dépêchez-vous de vous en aller, car j'ai envie de pleurer. »

Quand elle fut seule avec son mari, ce fut elle qui alla l'embrasser ; il la retint sur son cœur en lui disant que, grâce à Dieu, c'en était fait des plaisirs de la belle saison. Ils allaient vivre enfin sous le même toit, car il ne voulait pas, comme les autres hivers, aller de chasse en chasse, tuer l'ennui en tuant de pauvres bêtes qui ne lui avaient pas fait de mal.

La comtesse trouva son mari plus beau que de coutume. Sa figure, jusque-là légèrement efféminée, avait pris un accent plus sévère. C'était l'homme quand il cesse d'être un jeune homme, quand il atteint le point suprême de sa force, quand l'éclair est plus vif dans ses yeux. Elle pensa qu'elle l'avait connu trop tôt, car elle était de ces femmes qui veulent un maître et non un esclave dans leur mari. M. de Briancour n'avait été qu'un esclave, quoiqu'il ne fût pas sans caractère, ni sans énergie; avec les hommes il marchait tête levée, mais devant sa femme il s'adoucissait trop, tant son amour le jetait à ses pieds, même quand il courait les aventures.

Le timbre du vestibule retentit.

« Quoi! dit M. de Briancour, une visite à dix heures ! »

Il cria à Mlle Aurore :

« Nous n'y sommes pas.

—Qui sait? dit la comtesse ; c'est peut-être la destinée. Aurore, dites-nous qui vient là ! »

Presque aussitôt, Aurore répondit que c'était Mlle Éliane et son institutrice.

« Ma nièce ! dit Hélène, je veux lui dire bonsoir. »

On sait combien la comtesse aimait cette jeune fille douée de toutes les grâces et de toutes les vertus ; aussi elle s'avança au-devant d'Éliane, qui était déjà au haut de l'escalier.

« Bonsoir, ma tante, je venais pour retrouver ma mère ; on me dit qu'elle vient de partir, mais je voulais vous embrasser. »

Éliane donna la main au comte, qui passait dans sa chambre.

« Éliane, je suis bien contente de te revoir, lui dit la comtesse, j'ai bien pensé à toi aujourd'hui. »

La comtesse entoura la jeune fille de ses deux bras caressants.

« Comme tu es belle ! Comme c'est beau de voir la beauté !

— C'est vous, ma tante, qui êtes belle ! »

Mlle de Virmont avait toujours regardé la comtesse avec admiration.

« Oui, il paraît que j'ai été belle, mais maintenant que j'ai vingt-huit ans, je suis bonne à jeter aux orties. »

La comtesse ferma la porte et entraîna Éliane sur le canapé.

« Écoute-moi bien, mon enfant ; je dis souvent des folies et je vais te paraître folle ; mais, s'il y a des anges, tu en es un, je sais ton cœur, tu as la bonté de l'intelligence, tu as le charme des créatures douces, tes yeux sont tout un ciel. Veux-tu me faire bien heureuse ?

— Oh oui ! ma tante, mais...

— C'est bien simple. Tu vas m'embrasser sur le front, en pensant à ma mère. »

Et Hélène murmura tout bas :

« Ma mère qui est trop loin ! »

Éliane ne se fit pas prier, elle embrassa

cette femme adultère avec ses lèvres toutes virginales.

La comtesse releva son front comme si le baiser d'Éliane eût effacé le souvenir de Guy de Marjolé.

« Et maintenant, ma belle amie, retourne chez ta mère, qui serait inquiète; tu viendras me voir demain, ou plutôt après-demain. Non! non! ne viens pas demain! »

Et reprenant son beau sourire :

« Si je ne suis plus de ce monde quand tu te marieras, tu penseras à moi. »

Après avoir reconduit sa nièce qui ne comprenait pas, Hélène s'avança vers la chambre de son mari.

« Je puis entrer?

— Je crois bien !

— Georges, assieds-toi là, devant moi ; je vais te parler à cœur ouvert. Tu vas être frappé d'un coup terrible, mais je commence par te dire que je ne t'ai jamais tant aimé qu'à présent. »

Le mari regarda sa femme avec une surprise inquiète ; il eut le pressentiment de son malheur.

« Hélène ! qu'as-tu fait ? »

Mme de Briancour se jeta aux genoux de son mari.

« Ce que j'ai fait ! je pourrais ne pas te le dire... Je pourrais chercher l'oubli de mon crime en courant dans un confessionnal demander l'absolution comme tant d'autres qui croient en Dieu, et qui croient que Dieu pardonne toujours... Moi, je ne crois guère à Dieu, et, si Dieu existe, je suis sûre qu'il ne pardonne jamais. C'est donc à toi que je fais ma confession. Écoute-moi avant de me rejeter, ou avant de me tuer... Jusqu'ici tu pouvais marcher haut la tête quand on parlait de moi ; une fois pourtant, tout affolée par une volonté plus forte que la mienne, et peut-être aussi pour me venger de tes folies, je m'étais presque décidée à fuir avec le prince ***, mais je suis sûre que je me fusse arrêtée en chemin ; ma religion c'est ma conscience, et ma conscience a toujours été plus forte que moi. »

M. de Briancour écoutait sans interrompre sa femme, tant elle le magnétisait par ses yeux égarés ; il ne retrouvait plus sa voix, comme s'il eût été dans un rêve, mais à la fin il cria :

« Parle donc ! mais parle donc ! »

Et comme Hélène n'osait plus dire un mot, il la renversa sur le tapis d'une main violente.

« Tue-moi, tue-moi, dit-elle d'un air suppliant.

— Je veux tout savoir ! reprit Georges qui s'était levé d'un bond, comme un lion qui veut dévorer une proie.

— Que te dirai-je ? »

Hélène se remit à genoux.

« Je suis allée malgré toi à ce château maudit… Que sais-je?… Le soir, sous prétexte de mener la vie anglaise, on restait à table jusqu'à minuit, jouant à toutes sortes de jeux… Ce n'était plus qu'une griserie où chacun s'oubliait. Un homme s'est trouvé près de moi…

— Le nom de cet homme? cria Georges d'une voix de tonnerre.

— A quoi bon? je ne veux pas m'en souvenir, j'ai voulu le tuer.

— Oh! je le tuerai, moi!

— Je te donne toutes mes colères pour le frapper au cœur, car il m'a surprise quand je n'étais plus moi-même; je ne sais pas boire, moi, comme toutes ces nouvelles venues qui trouvent que c'est bien de faire l'orgie. Quand je suis revenue à moi, je me suis senti la fureur de Lucrèce, mais je n'avais pas de poignard.

— Tu mens, misérable! s'écria Georges; tu t'es abandonnée comme toutes ces autres femmes qui sont la honte de Paris. »

Pendant cinq minutes, le mari jeta ses malédictions sur sa femme, sans se laisser prendre à ses désolations et à ses désespérances.

Elle lui dit, toujours suppliante :

« Tu as raison, Georges; puisque je suis indigne du pardon, ne me pardonne pas;

mais, quand je serai transfigurée par la mort, tu viendras à mon tombeau et tu diras : « Ci-gît une femme qui m'a trahi sans le vouloir. »

A ces mots, dits avec toute la simplicité du cœur, Georges fut touché et retrouva la source des larmes.

Cette femme qui l'avait trahi n'était-elle pas plus malheureuse que lui, quel que fût son désespoir ?

« Brisons là ! dit-il ; je vais voyager ; tu resteras enfermée ici ; quand je reviendrai, si mon cœur n'est pas mort de cette blessure, le pardon tombera de mon cœur. »

Il releva sa femme ; ils se regardèrent ! Il faillit la prendre dans ses bras, mais il sentit qu'il n'embrasserait que l'odieux adultère ; il laissa tomber ses bras et se détourna.

Hélène, plus abîmée que jamais, se cacha la figure et s'enfuit en étouffant ses sanglots.

VIII

La chambre d'Hélène n'était séparée que par le cabinet de toilette de celle de M. de Briancour. Ce cabinet n'ayant pas de porte sur la chambre d'Hélène, il n'entendait rien, ni paroles ni bruit, dans la chambre de sa femme. Aussi elle put s'abandonner bruyamment à son chagrin, quoiqu'elle réprimât encore ses sanglots en se mordant les lèvres. La solitude est horrible dans de telles crises. Hélène eut peur de vouloir retourner vers son mari pour implorer une dernière fois son pardon. Voilà pourquoi elle sonna Aurore, quoiqu'elle eût décidé qu'elle ne verrait plus personne.

Aurore, chienne fidèle, veillait. Elle pressentait trop une catastrophe pour s'endormir. Aussi vint-elle tout de suite vers sa maîtresse.

« Aurore, vous êtes une brave créature,

vous n'avez jamais pensé à vous, vous avez toujours pensé à moi. »

Aurore baisa la main d'Hélène.

« Aurore, je vais tout vous dire.

— Mais, madame, je sais tout.

— Comment, vous savez tout?

— Oui, madame, je suis une autre vous-même, je ressens vos douleurs et je pénètre votre pensée. Ce n'est point par curiosité, c'est par la sympathie profonde d'une sœur. Ainsi je sais que vous voulez mourir et que rien ne vous empêchera de mourir, pas même moi..., et je sais pourquoi vous voulez mourir... »

Hélène regarda fixement Aurore, qui avait la figure toute contractée. Ce n'était pas la première fois que Mme de Briancour s'étonnait de voir toutes les énigmes devinées par ce sphinx du cabinet de toilette.

« Oui, Aurore, je veux mourir; je me suis condamnée à mort moi-même, au château de Murville. Il y a des choses dont la vie ne veut pas; si vous étiez venue avec moi, ce malheur irréparable ne serait pas arrivé. Je ne veux pas vivre humiliée, moi qui ai toujours vécu hautaine; je rachèterai ma défaite par ma mort.

— Mais, madame, combien y en a-t-il qui ont passé par là parmi toutes les femmes de votre monde?

— Oui, mais toutes ces femmes je les méprisais, hormis ma sœur, une inconsciente et une entraînée qui a toujours payé ses fautes par une amère pénitence.

— Allons donc! se dit Aurore, elle s'est toujours consolée d'une aventure dans une autre aventure. »

La femme de chambre fit remarquer à la comtesse que la mort ne prouvait rien.

« Oh! s'écria Hélène, si je meurs, c'est pour moi et non pour les autres. »

La comtesse, de plus en plus agitée, ouvrit un secrétaire japonais d'une main si fiévreuse qu'elle en arracha la porte.

« Voilà, dit-elle en regardant un petit flacon en cristal de roche, voilà qui va me dire le secret de la mort; si l'âme est mortelle, tout est dit; si l'âme est immortelle, j'aurai dépouillé la mienne de sa robe souillée pour lui donner la robe blanche qui s'appelle un suaire. »

Et se tournant vers Aurore :

« Je veux que ma mort soit une symphonie en blanc. Vous allez me donner ma chemise la plus simple et ma robe de dentelle. Dès qu'il fera jour, vous répandrez sur mon lit des roses blanches, après quoi vous appellerez mon mari. S'il refuse, vous lui direz que je l'ai bien aimé. »

Aurore s'était approchée du secrétaire pour saisir le flacon; mais Hélène, devinant sa pensée, le reprit d'une main ferme et dit à cette fille avec un accent énergique :

« Je veux !

— Oh! je sais que madame ne joue pas la comédie, mais je suis sûre que ces pensées funèbres vont s'envoler comme un mauvais rêve. »

La comtesse sans doute vit là un défi; en

moins d'une seconde, elle se retourna, elle ouvrit le flacon et le renversa sur ses lèvres.

Aurore ne vit rien.

Hélène était rayonnante dans le sacrifice de sa vie.

« Après mes funérailles, vous irez chez ma mère ; vous lui direz que je suis morte en Dieu et que j'aurais bien voulu la voir à mon dernier jour ; mais le voyage était trop long pour mes forces. »

Tout en prononçant ces mots : « Vous lui direz que je suis morte en Dieu, » Mme de Briancour reprit sur la cheminée la petite croix d'or que sa sœur lui avait donnée ; elle la regarda d'un air sceptique, mais tout d'un coup elle la baisa. Puis, comme si elle craignît de se laisser prendre à une religion qu'elle méconnaissait, elle dit à mi-voix :

« Après tout, je puis bien donner le baiser d'adieu à celui qui nous a donné l'Évangile. »

A ce moment elle tomba agenouillée malgré elle :

« Jésus, puisque vous êtes le fils de Dieu, je vais embrasser ma mère en embrassant votre croix. »

Et après une première effusion, elle voulut embrasser une seconde fois la croix en pensant à son mari.

« Mais je veux le revoir ! »

Elle pensait qu'il lui serait plus doux d'emporter dans la tombe le pardon de son mari ; elle brisa sa fierté en se disant qu'elle ne serait jamais assez humiliée et elle retourna vers la chambre de Georges.

Aurore la regarda en silence. Elle espéra avec un vague contentement que le mari et la femme allaient enfin se jeter dans les bras l'un de l'autre.

« Elle est sauvée, dit-elle, puisqu'elle retourne à son mari. »

En effet, Hélène était déjà à la porte du comte.

« Georges, lui cria-t-elle, Georges, de grâce, ouvrez-moi. »

C'était trop tôt ; le mari sentait alors plus

violemment encore toute l'horreur du crime de sa femme.

Georges entendit, mais ne répondit pas. Il pressentit que, s'il disait un mot, c'était le pardon. La charité chrétienne n'était pas revenue dans son cœur tout indigné.

Mme de Briancour, attendit toute une minute. Et plus désespérée encore, elle revint chez elle.

« Madame, dit Aurore, le comte n'est pas digne de vous.

— Il a raison, murmura Hélène. Je ne lui pardonnerais pas de me pardonner. Je n'avais voulu le revoir que parce que j'étais morte à moitié, je sens le poison qui me dévore. »

Aurore, épouvantée, prit Hélène dans ses bras :

« Quoi, madame, vous avez bu ce maudit flacon ? »

Elle sonna la seconde femme de chambre et courut appeler le comte, mais il venait de sortir.

Elle s'aperçut bientôt des ravages de ce poison subtil, dont Hélène lui avait souvent parlé :

« Est-ce possible, madame ? Je me crois dans un horrible songe, ayez pitié de vous ! ayez pitié de moi ! »

Et elle lui rappela qu'ayant eu elle-même le chagrin d'amour, elle avait voulu mourir, mais que sa maîtresse s'était écriée, la voyant ouvrir la fenêtre et la retenant par les jupes :

« Aurore, que deviendrai-je sans vous ? »

La seconde femme de chambre arriva tout effarée.

« Juliette, lui dit Hélène, ce n'est rien ; allez me chercher ma robe de dentelle blanche. »

Puis, s'adressant à Aurore :

« Ayez pitié d'une morte, faites le silence et secourez-moi ; mais, de grâce, pas une autre que vous. »

IX

Que se passa-t-il encore ? M. de Briancour ne pouvant s'endormir après la confession de sa femme et ayant peur de venir à elle pour lui pardonner, car son cœur l'y entraînait, était allé au cercle, croyant calmer sa fièvre d'amour par la fièvre du jeu. Il rentra chez lui vers quatre heures du matin sans avoir pu effacer l'image douloureuse d'Hélène, jurant de la venger et de se venger, mais déjà décidé à mettre à ses pieds la dignité du mari, tant il aimait toujours Hélène. Aussi en rentrant, au lieu d'aller droit à sa chambre, il entra dans celle de sa femme.

Un coup terrible le frappa au cœur quand il vit Aurore agenouillée devant le lit. La chambre était à peine éclairée par deux bougies, il vit se dessiner dans les demi-teintes la figure de marbre de la morte.

Selon sa volonté, elle était revêtue de sa

robe blanche, — cette robe qui avait été de beaucoup de fêtes mondaines, — cette robe qui la faisait plus belle encore, elle qui était un rêve de beauté.

Georges, après s'être arrêté un instant, se précipita sur le lit et embrassa Hélène dans la frénésie du désespoir :

« Hélène, Hélène, Hélène! »

Aurore s'était levée et voulait sortir, mais M. de Briancour la retint :

« Morte! que s'est-il donc passé ?

— Oh! monsieur, toutes les douleurs! Depuis hier je n'existe plus moi-même. Madame m'a paralysée par ses premières paroles, il n'y avait rien à faire contre sa volonté de mourir, je me croyais morte moi-même. J'ai tout tenté pour lui arracher de l'esprit ses fatales idées. Son dernier mot a été pour vous : « *Dites-lui que je l'ai bien aimé.* » Je connais le cœur de madame, vous ne retrouverez pas sa pareille. On l'a accusée plus d'une fois, mais c'est la neige des montagnes; aussi est-ce avec une vraie dévotion que je l'ai habillée toute en blanc pour la coucher dans son lit. »

Georges était tombé à genoux. Désespéré et pris à la gorge par la douleur, il fixait sur le sein de la morte la croix de la marquise; comme il connaissait bien les rébellions de sa femme contre les croyances, il demanda à Aurore : « Pourquoi cette croix?

— C'est que madame, pour vous dire adieu à vous, comme à sa mère, a pressé cette croix sur ses lèvres. »

M. de Briancour pencha la tête pour baiser la croix :

« Hélène n'a pas demandé un prêtre?

— Non, monsieur.

— Étrange et divine créature ! »

Le mari souleva sa femme dans ses bras, comme si son amour dût la réveiller ; mais c'était déjà du marbre. Aurore ne lui avait pas fermé les yeux ; elle regardait sans voir. Quoique le poison lui eût donné des spasmes terribles, elle avait repris sa sérénité souriante.

Aurore racontait le mot-à-mot de cette triste nuit :

« Madame m'avait dit de prier monsieur de venir l'embrasser au matin ; elle a demandé aussi comme un adieu de ce monde, que son lit mortuaire soit couvert de roses blanches et de roses thé, les seules roses qu'elle ait aimées. »

Aurore fit ouvrir quelques boutiques de fleuristes pour cette moisson funèbre.

Hélène fut veillée par son mari, sa sœur, sa nièce et Aurore. On l'ensevelit les cheveux répandus sur la figure.

Et les cheveux étaient tout baignés de larmes, larmes du mari, larmes de la sœur, larmes de la nièce. Jamais douleur n'a été plus profonde.

M. de Briancour, embrassant une dernière fois Hélène, lui dit : « Va, nous nous reverrons bientôt, car moi aussi j'en mourrai. »

On transporta la morte dans la petite église de Malval, sans lui faire de funérailles à Paris. Elle avait dit : « Je serai si loin qu'on ne parlera plus jamais de moi. » Ce silence lui semblait un autre linceul blanc jeté sur sa vertu outragée.

La violée romaine tout au contraire avait voulu que le bruit de l'attentat de Sextus se perpétuât à jamais. Quelle était la plus chaste des deux?

Hélène fut accompagnée là-bas par sa famille seulement. On n'envoya pas de lettres de faire part. M. de Briancour se contenta de dire que c'était la volonté de sa femme. A Malval une messe basse. La pauvre mère, qui avait deux douleurs dans l'âme, celle d'avoir perdu sa chère Hélène et celle de ne l'avoir pas revue à son dernier jour, faillit mourir d'un évanouissement.

Jamais on n'enterra une femme sous des larmes plus vraies. On n'éleva pas un monument sur elle; mais, une heure après son enterrement, Aurore fit planter sur la terre fraîche dix superbes rosiers tout en fleurs, ce qui toucha profondément M. de Briancour quand, le soir, il vint dire adieu à sa femme.

X

Le lendemain au point du jour Georges était déjà au cimetière, ne se trouvant bien que là. Il n'y a que les morts qui consolent les vivants. Mais il fit devant cette tombe une rencontre singulière.

Un homme était là qui pleurait debout, la tête inclinée. Georges s'approcha de lui et reconnut M. Guy de Marjolé.

Il comprit.

Quand Mme de Briancour avait fui le château de Murville, M. de Marjolé, obéissant à un amour indomptable, était arrivé le soir même à Paris. Tout en se tenant à distance, il avait appris tout de suite la mort mystérieuse d'Hélène. Fou de douleur, il voulait implorer le pardon du tombeau. Voilà pourquoi M. de Briancour le trouvait au cimetière à l'heure où personne encore n'était réveillé au château.

Georges le saisit au bras et le jeta loin de la fosse.

« Monsieur, vous n'avez pas le droit de venir pleurer ici ; avez-vous des témoins ? »

Toutes les joies de la colère rayonnaient sur le front de Georges. Il tenait son homme, il tenait sa vengeance.

Guy voulut se dérober, jugeant que sa place n'était pas là.

Georges ne lui permit pas de fuir, car le mot *lâche* arrêta Guy et'le força de se retourner.

— Je n'ai pas de témoins ici, répondit M. de Marjolé qui ne voulait pas de duel.

— Des témoins, monsieur? on en trouve toujours quand on n'a pas peur de se battre. »

Quelques minutes après, le marquis décidait des conditions du duel dans l'auberge du village, avec un ami que M. de Marjolé avait amené dans son pèlerinage.

Naturellement les conditions furent tragiques. On dut se battre à l'épée jusqu'à ce que mort s'ensuivît.

Le combat eut lieu le soir même dans le bois voisin, nommé — étrange rapprochement — le bois du Pardon.

Guy, qui semblait obéir à la volonté d'Hélène, se défendit sans attaquer; son épée, pourtant, blessa Georges au bras; voyant le sang jaillir, les témoins voulurent mettre fin au combat; mais Georges, plus impétueux, frappa d'un coup terrible celui qui s'était imaginé que l'honneur d'une femme n'est qu'un jeu.

XI

Au moment où M. de Marjolé tomba frappé par le violent coup d'épée de M. de Briancour, le marquis de Virmont s'écria :

« Voilà le dernier mot. »

Le mari outragé n'était pas encore désarmé de ses colères. Il s'éloigna en toute hâte de ce champ de bataille pour courir à la tombe de sa femme.

Il y a des joies dans la douleur, comme il y a des douleurs dans la joie. Le comte emporta son épée toute sanglante avec un plaisir cruel, pour l'offrir en holocauste à l'ombre d'Hélène.

Le marquis de Virmont, qui n'aimait pas les cimetières, préféra s'attarder avec les témoins ; il avait vu tomber Guy, mais était-il frappé mortellement ? Voilà ce qu'il voulait voir.

Guy avait déjà les yeux égarés de l'agonie.

A peine s'il avait pu dire deux fois : « Ma mère ! ma mère ! »

« Quels que fussent ses torts, dit le marquis, je n'aurais pas voulu que le duel allât si loin. »

Et, s'adressant au médecin :

« Est-ce que c'est désespéré, docteur ?

— Oui, à moins d'un miracle, et je ne crois pas aux miracles. »

L'épée de Georges avait traversé le poumon gauche, tout près du cœur. Le médecin avait cru d'abord que le coup était au cœur, mais il vit plus juste et, tout en déclarant que c'était bien fini, il ne désespéra pas tout à fait; il demanda que le malade fût transporté chez lui, au village voisin, ne jugeant pas qu'il pût le soigner dans la méchante auberge où il était descendu. Il y a toujours des curieux, même dans les bois; des paysans étaient survenus, on fagotta un brancard et on transporta le blessé, vaille que vaille. Il n'avait pas repris connaissance et M. de Virmont rentra au château, convaincu que Guy n'arriverait pas vivant chez le médecin, tant il l'avait vu sous les pâleurs de la mort.

« Eh bien? lui demanda M. de Briancour en se mettant à table, à l'heure du déjeuner, non pas pour déjeuner, mais pour tenir compagnie à son beau-frère.

— Eh bien, votre adversaire n'a plus qu'à se faire enterrer. Ah! pardieu, il faut être de vos amis, car vous ne faites pas de quartier. Vous étiez superbe dans votre fureur, mais je dois rendre justice à votre adversaire : il avait tort et il a reconnu ses torts puisqu'il s'est contenté de se défendre. Un peu plus, du reste, vous vous embrochiez avant le coup fatal.

— N'en parlons plus, dit Georges.

— Vous avez raison, n'en parlons plus; seulement vous ferez une visite à mon ami d'Artigues, qui a retardé son voyage d'un jour pour vous servir de témoin.

— De tout mon cœur, répondit M. de Briancour. Et après cette visite je retournerai au cimetière, je reviendrai embrasser cette pauvre mère et je repartirai pour Paris ; mais restez ici, avec ma belle-sœur et ma nièce ; il me semble que ma chère morte ne sera pas seule ; du reste, je reviendrai souvent, et, si je la sens trop loin de moi, je la ferai revenir au cimetière Montparnasse, où j'ai mon père et ma mère.

— Pour moi, dit M. de Virmont, je n'ai qu'une idée, c'est d'être incinéré, comme les veuves du Malabar ; l'idée du cimetière m'est odieuse ; j'ai déjà commandé l'urne qui renfermera mes cendres : *Ci-gît un grain de poussière.* »

Comme il l'avait dit, Georges partit le soir même pour Paris ; sa belle-mère lui reprocha ce départ. S'il s'en allait si vite, ce n'était pas pour aller chercher des distractions parisiennes. Il avait peur que les journaux ne fissent des nouvelles à la main avec la mort de la comtesse de Briancour et le duel du mari. Il pria ses amis de voir tous les directeurs de journaux. On ne pouvait ignorer son duel avec M. de Marjolé, puisque l'un des adversaires était resté sur le terrain. Or comment expliquer ce duel, qui avait eu lieu dans le pays même où on venait d'enterrer Hélène ? Il y avait en tout ceci deux drames à deux jours de distance, qui étaient de bonne prise pour les nouvellistes et les nouvelliers. Comment les décider à faire silence ? Ce n'était qu'à force de bonne grâce ; mais encore, depuis qu'on a abattu les murs de la vie privée, le bruit appartient au bruit. Aussi les amis de M. de Briancour eurent beau se mettre en campagne, un des journaux mondains à la mode donna cet Écho :

« On se conte à mi-voix tout un roman dramatique dont on ne devine pas bien les énigmes. Une grande dame est morte, les uns disent d'une embolie, les autres d'un coup de désespoir. Faut-il rapprocher de cette mort un duel sans merci qui a mis à trépas un de nos jeunes sportsmen parmi les plus brillants. La meilleure explication est celle-ci : une fille galante est venue faire du bruit entre deux prétendants ; l'un était marié, la femme en est morte de chagrin ; si l'autre était sur le point de se marier, comme on le dit, tant pis pour sa fiancée, qui pourra envoyer sa couronne d'oranger sur un cercueil. »

On voit que, pareille à beaucoup de nouvelles à la main, celle-ci ne disait que la moitié de la vérité, aussi Georges jugeat-il que ce racontar masquait fort à propos la raison de la mort de sa femme.

Un événement politique survint qui rejeta dans l'ombre ces figures mondaines ; les journaux n'y firent même pas allusion. Seulement on chuchota, parmi les amis de Mme de Briancour. Heureusement pour sa mémoire, nul ne savait l'histoire du château de Murville, Guy n'en ayant pas dit un mot.

Pendant qu'on enterrait dans un journal M. de Marjolé, il avait repris connaissance, et le médecin de campagne commençait à dire qu'il survivrait à cette horrible blessure; mais il fut obligé de le garder chez lui pendant plus de deux mois, avec des rechutes sans nombre, car il avait toutes les peines du monde à respirer ; enfin la vie, qui aime les jeunes, lui donna la force de se lever. La première fois qu'il put se promener, il supplia son sauveur de le conduire au cimetière, disant qu'il voulait aller s'agenouiller sur la tombe d'Hélène.

« Ceci n'est plus mon affaire, dit le médecin ; mais je vous défends de faire cette nouvelle folie, qui amènerait un nouveau duel ; demain, je vous expédierai sur Paris au docteur Albert Robin, qui n'est pas plus bête que moi pour sauver les désespérés. »

Guy ne répliqua pas, mais le lendemain, avant que personne fût levé, il se risqua au cimetière avec les plus belles roses du docteur. Il les lui avait volées aux premières blancheurs de l'aube.

Il marchait appuyé sur le jardinier du médecin, suivi d'une méchante carriole où il devait monter, si la fatigue le prenait en chemin.

Cette fois, il ne trouva personne au cimetière. Il s'agenouilla, il pria, il mit pieusement les roses sur la fosse de la comtesse, tout un jardin, comme on sait déjà.

Il ne prononça que ces mots :

« Madame, je vous demande pardon, mais n'accusez que mon amour. »

Cette effusion lui fut douce au cœur après tant de nuits mauvaises, toutes remplies d'apparitions d'Hélène menaçante et irréconciliable. Il se leva et voulut retourner à pied, mais il se sentit fort affaibli et il n'eut que le temps de monter dans la carriole.

Au retour chez le docteur, il ne parla pas de son pèlerinage. Le docteur se contenta de lui dire :

« Je ne veux pas savoir d'où vous venez; nous allons déjeuner très frugalement comme les autres jours; n'oubliez pas que demain vous quittez ce pays si fatal pour vous ; le train pour Paris passe à onze heures et demie. Un de mes amis, qui part aussi, nous prendra dans son coupé. »

Ainsi dit, ainsi fait. Quand le coupé arriva près de la gare, il croisa un landau traînant deux femmes en deuil.

C'était la marquise de Virmont et sa fille, qui revenaient de Paris pour la seconde fois depuis la mort de la comtesse.

Le médecin, qui avait voulu conduire Guy à la gare, lui adressa la parole pour l'empêcher de voir ces deux dames et pour empêcher ces deux dames de le voir lui-même. Mais Guy, d'un regard rapide, avait bien saisi les deux figures.

« Cette jeune fille est bien jolie ! » dit-il.

Un vrai cri du cœur.

« Qui, cette jeune fille ? dit le médecin avec impatience.

— Mais celle qui passe.

— Allons donc ! une vraie figure de pensionnaire ; j'aimerais mieux la mère.

— Est-ce que vous les connaissez ?

— Oui, mais je ne vous dirai pas leur nom.

— Pourquoi ?

— Parce que vous êtes incorrigible et que vous iriez mettre le feu à la maison, selon vos habitudes parisiennes.

— Ah ! la fille est bien jolie, » reprit M. de Marjolé.

Il pencha la tête à la portière pour voir fuir le landau. Tout justement Éliane avait retourné la tête, curieuse comme Ève.

Elle dit à sa mère :

« Maman, connais-tu ce monsieur-là ?

— Non, mais je sais que ce monsieur-là est un monsieur qu'il ne faut pas connaître. »

Pendant que Guy montait en wagon, Mlle de Virmont descendait du landau devant le perron du château de sa grand'mère.

Après les premiers embrassements et les premières paroles, Mlle de Virmont parla de cette radieuse journée qui les ramenait.

« Oh! que j'aime l'automne, dit-elle; c'est la vraie saison du paysage. Il faut que je coure dans le parc pour réjouir mes yeux. Quelle radieuse journée ! »

Éliane ne savait pas bien ce qui l'entraînait dans le parc. C'était la solitude, cette amie dangereuse des jeunes cœurs.

Pour préserver une jeune âme, il faut la jeter au milieu du monde, même au milieu des dangers; rien ne met en garde des écueils dans la traversée de la vie, comme la vue des écueils.

Oh ! oui, la radieuse journée ! C'est le plein midi quand le soleil a repris pour quelques heures toutes ses forces de juillet ; déjà les dernières feuilles tombent en volant comme des oiseaux qui battent des ailes ; les arbres ont pris toutes les teintes de la palette des paysagistes. Le chêne est tout à la fois verdoyant et doré, avec quelques branches qui prennent des tons rouges comme les vignes vierges à leurs derniers jours. Les bouleaux frissonnent à la brise et rayent le bois par leurs tons argentés. Les chaumes encore vaillants n'ont pas jauni. Les tilleuls ont perdu toutes leurs aigrettes, les branchages qui montent semblent menacer le ciel par leurs aiguilles. Les caroubiers et les vignes vierges se disputent les rouges violacés, les saules s'éplorent en rosées et en feuilles larmoyantes, les épicéas que les arbres feuillus ont masqués depuis le mois de juin reprennent leurs places comme des sentinelles ; sous leur habillement vert sombre, ils rappellent le vers du poète anglais :

Clochers silencieux montrant du doigt le ciel.

A quoi pensait Mlle de Virmont dans ce paysage de l'été de la Saint-Martin, ou plutôt de l'été de la Saint-Remy. Les oiseaux plus ou moins ailés ne lui chantaient pas de cantates amoureuses. Les cent et un hyménées de l'herbe et du buisson ne frémissaient pas à ses pieds. Les éclaircies du feuillage lui montraient le ciel et ne répandaient plus, comme naguère, les mystérieux ombrages tout imprégnés de senteurs pénétrantes dans leur vague volupté ; mais, si la nature ne communiait plus par l'amour avec les belles rêveuses, elle leur parlait de poésie, ce qui est encore une des joies du cœur.

A quoi rêvent les jeunes filles? demande le poète.

Elles rêvent à je ne sais quoi de doux qui leur parle d'amour, sans qu'elles comprennent bien.

Ainsi rêvait Éliane, sans oser s'avouer qu'elle serait heureuse d'aimer un homme pâle comme un beau soir d'automne — et comme Guy — avec une figure sévèrement dessinée, avec une expression de fierté souriante.

Pourquoi cette figure-là plutôt qu'une autre? Pourquoi?

Il faudrait toute une académie de savants pour résoudre cette question des sympathies éveillées par la force du regard à l'heure précise où le cœur est à la fenêtre — si l'on me passe cette expression. — Il vient un moment où, par la force du sang et la force de l'âme, le cœur ne demande qu'à se donner.

Mlle de Virmont avait subi, sans y penser, l'attraction du regard de M. de Marjolé. Elle voulait savourer dans la solitude poétique du parc ce premier rayonnement de la joie de vivre; mais elle s'attrista bientôt en songeant que cet homme qu'elle n'avait jamais vu, elle ne le reverrait sans doute jamais.

Et d'ailleurs elle reconnut que c'était une folie de poursuivre un tel rêve dans son esprit. Ce n'est pas en pleine campagne, dans la poussière du chemin, qu'on commence une passion, c'est dans quelque fête mondaine, quand la musique enflamme les cœurs et répand la gaieté sur tous les visages. En rentrant au château pour le déjeuner, Éliane, d'un air de distraction, n'en demanda pas moins une seconde fois à sa mère quels étaient les deux amis du médecin.

*de Virmont répondit avec impatience:

« Ne me parle pas de ces gens-là ; tu sais bien que nous avons cessé de voir le médecin, il ne remettra jamais les pieds au château. »

Éliane était entêtée, elle ne se le tint pas pour dit, elle se promit de savoir le nom de celui qu'elle avait rencontré.

Guy de son côté avait marqué dans sa mémoire, en traits ineffaçables, cette belle figure d'Éliane, figure de beauté qui s'ignore, tête raphaélesque, ayant la physionomie à la Fornarine, figure évangélique, qui n'a pas vu pleurer Madeleine, — l'aube blanche avant le soleil d'or. — Pendant toute une période entre seize et dix-sept ans, les jeunes filles ont donné aux peintres du moyen âge l'expression des vierges et des anges, mais ces belles heures de chasteté s'envolent bientôt dans le bleu des nues, aujourd'hui surtout que les jeunes filles semblent faire un stage à l'Académie des sciences et croquent les pommes avant qu'elles soient mûres.

A son arrivée à Paris Guy ne trouva pas pour le recevoir la musique du régiment, mais il trouva la fille du régiment, c'est-à-dire une chanteuse des Bouffes-Parisiens, qui avait chantonné la *Fille du Régiment* à l'Opéra-Comique. C'était une demoiselle qu'il entretenait vaguement comme tout le monde. Elle lui avait écrit vingt fois pendant qu'il était à moitié mort ; ne lui ayant répondu que par deux dépêches, il ne pensait plus à elle ; mais il la trouva chez lui, parce qu'on avait tout saisi chez elle.

« Ton appartement s'ennuyait, lui dit-elle ; d'ailleurs j'ai voulu le tenir chaud pour ton retour.

— Bien obligé, » murmura Guy, qui ne s'attendait pas à une pareille fête.

Elle lui raconta tous ses déboires, soutachant chaque phrase par une parole d'amour. Les femmes de théâtre ne sont jamais si tendres dans leur passion que le jour où l'huissier les menace de vendre leurs meubles. Mlle Valentine fut donc délicieuse à l'arrivée de Guy.

« Tu sais que je n'ai jamais aimé que toi,

je ne chante bien que quand tu m'écoutes. Je me sens des orages de vertu quand tu n'es pas là. Tu m'offrirais ton cœur et un désert que j'accepterais. »

Guy ne fut pas touché du tout. Pendant que cette demoiselle parlait si bien avec mille chatteries plus ou moins prévues, il ne voyait que la jeune fille, entrevue le matin. Aussi il murmura ce mot, déjà dit par Mme de Briancour, à la vue de sa nièce :

« Comme c'est beau la vertu ! »

Le coup d'épée de M. de Briancour avait tué en lui toutes les mauvaises passions qui menaçaient la dignité de sa vie.

« C'est toujours ça, » dit-il dans un soupir de délivrance.

Il déjeuna pourtant avec Mlle Valentine, mais il jura de ne plus être pour un tiers ou pour un quart dans l'existence de ces filles de plaisir.

« Serment d'ivrogne ! » s'écria Mlle Valentine, à qui il avait daigné faire part de son dessein de vivre en moraliste.

LIVRE TROISIÈME

I

Pour échapper à ses chagrins, Blanche voulut fuir, ignorant qu'on n'emporte pas son cœur sans emporter toutes les passions qui l'agitent. Ce serait trop commode de prendre le train et de laisser derrière soi tout ce qui était la vie de la veille ; mais il n'y a pas de plus fidèle escorte que celle de la douleur. On croit la fuir par un voyage, elle arrive avant vous. Mme de Virmont ne savait pas encore bien cela. Aussi craignant Paris et ses folies inconscientes, elle voulut aller se cacher seule avec sa fille à Arcachon ou à Biarritz.

Le marquis de Virmont avait promis à son fils qu'il chasserait le prochain hiver ; l'enfant était aux anges. Déjà, avant la mort tragique de sa tante Hélène, le marquis lui avait donné un costume et un fusil. Il était à croquer sous cette métamorphose. Après les premiers jours de larmes il demanda à son père si la mort de la comtesse de Briancour les empêcherait d'aller chasser. Le père avait dit que bien loin de là la chasse serait une distraction voulue. Dès la fin d'octobre, le père et le fils quittèrent le château de Malval pour aller au petit château du Buisson, dans les Ardennes, où le marquis redevenait tout à la fois agriculteur et arboriculteur, car il possédait tout près du château une petite forêt et une grande ferme qui ne lui rapportaient rien du tout, depuis que la main-d'œuvre dévore tout et plus que tout.

Le petit Alexandre fit merveille dès son arrivée.

Le marquis ravi avertit le proviseur du lycée Henri IV que son fils ne rentrerait qu'au 1ᵉʳ décembre, retenu par « les devoirs impérieux de la chasse ».

A peine M. de Virmont fut-il parti avec son fils, que Mme de Virmont reçut une lettre singulière d'un de ses anciens adorateurs, qui lui écrivait avec la main d'une femme et qui signait d'un nom de guerre.

Comme cet adorateur était toujours amoureux et qu'il ne voulait pas s'aventurer à Malval, il conseillait à Blanche de faire un tour à Royan, où ils s'étaient déjà rencontrés. Il lui peignait tous les charmes du parc de Royan. Voici d'ailleurs sa lettre :

« Nous ne nous voyons plus, ma belle amie. Vous savez si je suis attristée de la mort de Mme de Briancour, mais bien attristée aussi de ne plus vous rencontrer. Si vous alliez passer un mois à Royan où je me suis tant plu en votre compagnie, cela changerait mon automne en printemps.

« Tout le monde se fait hirondelle ou bâtit son nid à Paris, à Londres, à Pétersbourg, à New-York ; mais, dès que viennent les mauvais jours, on prend son vol vers le soleil.

Petit oiseau couleur du temps
Vole toujours vers le printemps.

« Or, vous le savez, c'est toujours la belle saison dans le parc de Royan, où les grands pins défient les hivers. Il y a là un jardin d'élection tout épanoui de roses toujours remontantes ; non seulement depuis notre rencontre, le parc de Royan dessiné par un grand maître en l'art des illusions est un parc d'été, c'est aussi un parc d'hiver. Pendant les plus mauvais jours on y respire les douceurs de la vie par les senteurs balsamiques qui se détachent des pins comme par l'air vivifiant des brises océaniques, ce qui ferait beaucoup de bien à la belle Éliane. Vous verrez que c'est une bonne fortune de trouver l'hiver un refuge contre tous les ennuis et toutes les défaillances dans un beau pays où le soleil est toujours de la fête, dans un parc qui renferme un coin de la nature en robe de bal : jardin féerique, cavalcades, beau monde de Paris et de tous les mondes, solitude pour les rêveurs, fête de jour et de nuit pour les mondains. Si tout cela n'est pas l'idéal dans la réalité, il ne faut plus croire aux joies de la vie. En vous écrivant, j'espère et je désespère. Que risquez-vous? L'ennui de vous mettre en route? Mais la vie est un voyage dans le bleu, dans le rose et dans le noir. Vous êtes dans le noir : aller à Royan c'est aller dans le rose.

« Je vous embrasse plus que je ne vous aime, et je vous aime plus que je ne vous embrasse.

« Baronne La Marche.

« Bonjour au marquis et à l'invincible Alexandre. »

Baronne La Marche voulait dire René Lafargue.

Telle était chez Blanche la magie des souvenances amoureuses, que loin de s'indigner et de jeter cette lettre au feu elle dit en relisant la lettre : « Il ne m'a donc pas oubliée ! »

Elle ferma les yeux pour mieux voir cet amoureux qui revenait de loin.

« Je n'irai pas, » dit-elle.

Elle eut beau lutter, l'ancien adorateur fut le plus fort. Il lui écrivit une seconde fois, elle répondit que ce voyage était impossible. Mais elle en avait parlé à Éliane : les jeunes filles sont toujours pour les voyages. Blanche sembla obéir à Éliane, quoiqu'elle n'obéit qu'à son cœur. A quinze jours de là elles partaient toutes les deux pour Royan.

La marquise se rappelait que grâce à René Lafargue elle avait été ravie de ces merveilleux paysages faits de soleil, de palais, de villas riantes et d'arbres centenaires devant l'Océan qui joue là de toutes ses éloquences. Elle loua dans le parc de Royan la jolie villa des Roses, abritée par les pins et les chênes verts, où elle résolut de vivre cachée, n'ayant d'autres confidentes que les vagues et les brises. Elle télégraphia pour avoir toute une bibliothèque de livres sérieux et de romans. L'âme est ainsi faite qu'il lui faut

tour à tour le ciel bleu et les nuages fuyants.
Là, toute à sa fille, elle n'oublia pas sa sœur ;
mais l'image de la morte lui fut plus douce.
Il lui sembla qu'Hélène lui pardonnait ses
chutes étranges. Elle s'habituait d'ailleurs à
voir sa sœur dans la figure de sa fille, c'était
le même dessin sinon les mêmes couleurs.
Éliane était brune comme sa tante ; elle avait
aussi les yeux bleus ; mais les joues étaient
rosées, tandis que Mme de Briancour avait eu
le teint mat. Éliane était la fille du monde
la plus douce, quoiqu'elle eût ses petites révoltes ; il n'y avait de vraies querelles dans la
villa qu'à propos des livres, la fille voulant
toujours lire ce que lisait sa mère. Elles
demeuraient souvent au logis, ou dans le
parc, quoiqu'elles aimassent les superbes
rochers de Vallières et les hauteurs de Pon-
raillac. Elles se risquaient çà et là, au hasard
de l'Océan, un lion qui s'adoucit dans cette
couche bien-aimée. Elles aimaient ces fines
silhouettes des embarcations, des voiliers qui
vont et viennent, ces vignes fuyantes de l'ho-

rizon, ce célèbre phare de Cordouan qui semble une sentinelle avancée de la France dans l'Océan. « Je doute, pensait Éliane, que la Tour de Babel de 1889 soit si majestueuse au Champ de Mars que celle-ci en pleine mer. »

Éliane dit un jour à sa mère :

« D'où vient que je ne vois pas la baronne Lafargue qui t'a écrit?

— Oh! elle viendra; mais que m'importe, puisque je suis avec toi? »

La vérité, c'est que la baronne Lafargue était venue sous la figure de M. René Lafargue. Je me hâte de dire que Blanche ne retomba pas dans cette ancienne passion. Elle fut très heureuse de revoir cet amoureux qui l'avait grisée comme les autres. Elle le rencontra dans les détours lointains du parc; mais, tout en prenant un vif plaisir en le revoyant, elle croyait voir en même temps la blanche figure de la morte, comme si Hélène lui fût une sauvegarde. Ce fut en vain que M. René Lafargue lui parla d'aller déjeuner à la Grande-Côte, où ils avaient naguère plus d'une fois savouré le tête-à-tête : elle resta inflexible, ce qui l'étonna elle-même.

René partit furieux d'avoir fait tant de chemin pour les joies glaciales du platonisme. Mme de Virmont se consola de son départ dans les joies non moins glaciales de la solitude.

Mais elle aimait Royan même sans l'amour. Il y a des pays qui calment le cœur et donnent à la tristesse une auréole de poésie.

Quelques Parisiens s'imaginent que Royan n'est célèbre que par ses sardines, qui, d'ailleurs, ne se pêchent pas à Royan, tandis que c'est sa configuration, son amphithéâtre au milieu des arbres séculaires, sa forêt de pins, le sable doré de ses plages, qui ont fait la fortune de Royan, cette petite ville curieuse entre toutes. On n'imagine pas un tableau plus féerique, tout Isabey, tout Diaz, tout Rousseau, quand on ouvre sa fenêtre au soleil levant, et qu'on voit s'étager toutes ces maisons blanches qui ont un sourire de fête. Corot a dit de Royan : « C'est la perle de l'Océan. » C'en est aussi le diamant ; mais, ce qui est inappréciable, c'est que l'œil se repose de tant d'éclat sur les panaches ondoyants des arbres. La nature fuit la mer sur toutes les plages ; à Royan, elle lui donne la main, ce qui semble un miracle. Et il n'y a pas seulement le pin centenaire, l'orme paresseux, l'acacia tout épanoui dans sa floraison, on y rencontre les arbres les plus inattendus. Et les pampres ! et les roses ! et toutes les couleurs floréales ! Et, comme si ce n'était pas assez, les Bordelaises toutes rieuses, les Espagnoles bruyantes, les Parisiennes qui promènent la mode, les Anglaises qui la fuient, les Américaines qui l'exaltent, font tout un bouquet qui court deçà, delà, toute une gamme qui serait criarde sans l'écho des vagues plaintives, toute une palette éblouissante adoucie par les réverbérations de la mer. Le poète Victor Billaud a peint Royan en prose et en vers, car c'est le poète et le prosateur de Royan. Pelletan le Royannais a comparé la montagne à la mer, la mer à la montagne. Il a décidé qu'on était toujours trop loin ou trop près de la montagne.

Ce qui met tout le monde d'accord à Royan, c'est qu'on a tout à la fois la montagne et la mer. N'est-ce pas une merveilleuse montagne que cette ville qui s'étage et monte dans les nues par ses monuments? Amphithéâtre vivant qu'un décorateur lumineux nous représentera un jour à l'Opéra.

Ce qui charme encore à Royan, c'est qu'on y trouve le pays mondain et le pays de la rêverie. Ici nous sommes dans le Royan tumultueux qui donne le nom de ses rues à Gambetta et à Thiers. Voici l'avenue des guignols et des bazars, voici le casino et le théâtre, nous tournons bride vers Pontaillac, qui est toujours Royan, le flux et le reflux mondain, nous revenons par la rive tout vivant, vers la forêt de pins qui, grâce à un enchanteur, est devenue la forêt de Shakespeare, *Comme il vous plaira*. En une saison, il a humanisé cette forêt noire, sans en chasser les oiseaux qui chantent toujours. Il y a créé un vaste jardin avec théâtre et casino. Il a percé des promenades et, comme disent les paysans, il y a mis des étoiles la nuit, c'est-à-dire des milliers de becs de gaz qui disent la symphonie de la lumière nocturne.

Déjà les villas s'élèvent, comme si Amphion fût là avec son violon; ses bains de mer sont les plus recherchés, parce que la mer est plus belle encore dans cette région, ses senteurs réconfortantes s'y mêlent à l'odeur des pins. Et puis la vue lointaine de la pointe de Grave et de quelques grands crus du Médoc apporte par le vent je ne sais quelle fleur de pampre qui égaye l'esprit. Les bons nageurs, les vaillantes naïades ont toujours envie d'aller jusque-là pour se payer une coupe de vin généreux après des brassées héroïques. Le beau pays! le pays du vin, le pays de l'Océan, le pays du soleil, le pays des souvenirs, puisque Lamartine y a vécu dans ses *Dernières Méditations*, puisque Montesquieu y a rêvé aux *Lois de l'esprit*, puisque Corot s'y est révélé peintre de marine, ainsi que Gustave Courbet. La mer a ses paysages, tantôt dans la sérénité bleue, tantôt dans la marche majestueuse des vagues écumantes et dans la course folle des nuages argentés.

Sans le vouloir, Éliane et sa mère trouvèrent à voisiner un peu avec les Espagnoles et les Anglaises. Mme de Virmont ne voulait pas voir de Parisiennes; mais elle trouvait tout simple de prendre le thé avec des étrangères; pour elle c'était voyager encore, c'était oublier ses dernières saisons à Paris, ses vagues passions ébauchées dans les bals du faubourg Saint-Germain et des Champs-Élysées.

« Pourquoi vois-tu ces étrangères? lui demanda un jour sa fille lui parlant de deux Américaines extravagantes.

— Par distraction, répondit-elle; il me

semble que je lis un roman nouveau. »

Comme l'hiver il n'y a pas de loups dans le parc de Royan, ni de ravisseurs — que je sache, — Mᵐᵉ de Virmont permettait à sa fille de se promener aux alentours de l'habitation. Éliane courait aux violettes et émiettait du pain pour les pigeons; dans sa candeur toute blanche elle ne s'apercevait pas que les promeneurs mélancoliques lui jetaient au passage des points d'admiration; les uns, « comme elle jolie ! » les autres « comme elle est belle ! » Elle ne songeait ni à être belle, ni à être jolie; la coquetterie ne lui avait pas encore chanté ses chansons. Elle se contentait de vivre au jour le jour dans la quiétude de la jeunesse qui ne se hâte pas vers le roman du lendemain. Sa tante avait écrit ses impressions de fillette et de jeune fille, Éliane était trop simple pour marquer ses rêveries, qu'elle comparait au flux et au reflux de l'Océan, des vagues disparaissant sous des vagues.

Un matin ses beaux yeux s'arrêtèrent

sur un étranger tout fraîchement débarqué de Bordeaux; elle s'étonna de remarquer cette figure brune et pâle qui lui rappelait quelqu'un. Elle s'aperçut que la même surprise était marquée dans l'expression du promeneur ! Où s'étaient-ils donc vus ? Le promeneur inclina légèrement la tête comme pour saluer, mais ne salua pas. Ce mouvement était-il commandé par admiration ou par souvenir? Après un second regard Éliane murmura : « Ah ! oui, je me rappelle, c'est ce monsieur que j'ai vu passer malade dans la calèche du médecin de Sainte-Croix. Pourquoi maman m'a-t-elle dit qu'il ne fallait jamais le regarder? Car il a l'air si doux, si gentil, si comme il faut ! »

Toutefois le grand œil d'aigle du promeneur l'effraya, elle marcha plus vite pour rentrer à la villa des Roses.

Éliane se souvenait bien. C'était en effet M. Guy de Marjolé qui se promenait dans le parc.

Pourquoi était-il venu lui aussi à Royan ?

Tout simplement par ordonnance du médecin qui l'avait envoyé à Pau, pour que le soleil du Midi achevât de le bien remettre sur pied. Arrivé à Bordeaux, il rencontra un ami, un enthousiaste de Royan, qui avait caché là une Américaine. C'était tout justement une des Américaines que voyait Mme de Virmont. Dans son ingénuité Éliane conta à sa mère cette rencontre si imprévue.

« Tu sais, maman, cet étranger qui était avec le médecin de Sainte-Croix, qui allait prendre le train à Dijon, quand nous retournions au château ?

— Que vient-il faire ici ? » murmura la marquise avec un mouvement d'impatience.

Et élevant la voix :

« Éliane, si tu rencontres encore cet homme, tu feras semblant de ne pas le voir, c'est notre ennemi.

— C'est étonnant, dit naïvement Éliane, il ne m'a pas regardée en ennemie. »

Mme de Virmont continuait à se demander

par quelle fatalité M. Guy de Marjolé était venu à Royan. Elle pensa que s'il s'y attardait elle serait forcée de fuir.

Le lendemain nouvelle rencontre. M. de Marjolé, passant près d'Éliane, inclina encore la tête et ce fut avec une si grande expression de respect, que la jeune fille ne songea pas à s'offenser. Quand après plusieurs minutes elle revint sur ses pas, elle fut quelque peu surprise de voir Guy saluant familièrement une des deux Américaines qui venaient prendre le thé chez sa mère. Elle se demanda pourquoi ces dames n'avaient pas encore parlé de lui. Cela ne devait pas tarder, car le soir même ces dames proposèrent à Mme de Virmont de lui présenter deux jeunes Parisiens du meilleur monde qui passaient tout un mois au parc de Royan.

« Dieu m'en préserve ! » s'écria la marquise d'un air hautain.

Puis, s'adoucissant pour ne pas montrer son indignation :

« Vous savez que je ne veux voir personne, personne, personne. Je suis en grand deuil, ce deuil est bien plus dans mon cœur que sur moi-même, ne me parlez plus de vos amis. »

Éliane, pour s'amuser, prenait souvent le petit tramway du parc, qui va comme le vent du boulevard Saint-Georges vers les roches de Vallières, raillant avec sa femme de chambre les nouvelles figures qui vont et viennent. Elle comparait ce petit tramway au char d'Apollon ou au nuage d'or traîné par les colombes de Vénus. Mais voilà que M. de Marjolé vint un jour s'asseoir non loin d'elle dans le tramway, ce qui la força, pour obéir à sa mère, de descendre au milieu du chemin.

Éliane qui avait lu Lamartine était romanesque sans avoir lu de romans. Elle courait poétiquement les paysages, respirant l'âme des bois et des fleurs.

Elle aimait à s'asseoir sur la falaise de Vallières quand la mer se ruait sur les rochers environnants avec des roulements de tonnerre ou quand la mer paisible comme un lac semble avoir à jamais oublié ses rancunes; alors c'était un calme absolu dans un cadre d'idylle.

Les pins du parc, dont les cimes ondoyaient comme une autre mer en indiquant les sinuosités des dunes, se miraient autour de la Grande-Conche dans la frange dentelée des vagues; puis, comme un décor d'opéra, brossé pour le plaisir des yeux, Royan émergeait du fond bleu des eaux dans la gaîté de ses maisons multicolores; et tout là-bas, à l'horizon, le soleil se couchait derrière Cordouan dans une éblouissante apothéose de féerie, sous un ciel à la fois violet et rose, limpide et doux comme un regard de vierge.

Un soir, assise au pied d'une touffe de tamaris et d'yeuses, à l'extrémité d'un rocher maintenu par un miracle d'équilibre au-dessus de l'Océan, Éliane paraissait présider, délicieusement émue, aux derniers moments de cette journée qui entrait dans la nuit. Mais sa pensée n'était pas toute aux beautés de la nature, l'image de Marjolé flottait sous ses yeux.

Toute la flore des falaises et des dunes, — thym, serpolet, mélilot, giroflée, hysope, liserons, germandrée, menthe, immortelles, œillets sauvages, — chauffée par le soleil et les sables, répandait une atmosphère troublante autour d'elle et la pénétrait de ses émanations subtiles.

Il lui semblait qu'il y eût une affinité mystérieuse entre elle et cette belle nature, entre ses aspirations et la voix profonde des flots. Et n'avait-elle pas comme une image saisissante de son âme avide d'inconnu, dans ces trois-mâts longs-courriers qui passaient à quelques encâblures, la proue tournée vers le large et voguant toutes voiles dehors à la conquête de l'immensité.

Cette magnificence, cet esprit des fleurs, cette gloire du soleil, cet infini du ciel et de la mer, fondus dans une harmonie enchanteresse, l'enveloppaient d'un vertige, et, à mesure que le crépuscule serrait la terre de plus près, elle sentait insensiblement s'élargir ses rêves, et son âme se mêler davantage à l'âme des choses.

La femme de chambre réveilla Éliane de son rêve en lui rappelant que la nuit était venue.

« Oh, mon Dieu! murmura Mlle de Virmont avec quelque frayeur, si j'allais rencontrer cet inconnu. »

Elle le vit venir, elle eut peur et s'enfuit en tenant la robe de sa suivante.

A quelques jours de là ce fut Mme de Virmont qui rencontra M. Guy de Marjolé, mais il n'inclina pas la tête, car elle lui jeta un regard terrible tout en se détournant.

« Oh! se dit-elle, si je le rencontre une seconde fois, je pars le soir même. »

Une fois encore Éliane rencontra Guy. Il portait à la main une rose de Noël. Dès qu'il vit la jeune fille, il déchira cette rose pour que les feuilles tombassent sous ses pieds; mais la jeune fille se détourna comme avait fait sa mère. Craignait-elle que la rose de Noël lui brûlât les pieds?

Mlle de Virmont eut-elle peur d'aimer M. de Marjolé? En rentrant elle dit à sa mère qu'elle venait de le rencontrer encore.

« Eh bien, Éliane, nous partirons ce soir pour Biarritz. »

On partit en effet. On alla coucher à Bordeaux où l'on s'attarda deux jours pour voir les églises et le musée, pour se promener un peu en cette belle ville qui par l'architecture est la seconde capitale de la France. Après quoi on alla prendre pied à Biarritz. Mais on y regretta bien vite le beau parc de Royan qui renferme toutes les poésies de la villégiature hivernale.

Mme de Virmont eut un instant peur que sa fille ne fût suivie par Guy, car elle croyait l'avoir vu à Bordeaux devant le café de la Comédie. Mais il n'alla point à Biarritz, soit qu'il eût perdu la trace, soit qu'il n'osât reparaître devant la sœur d'Hélène.

II

Une année se passa. Mlle de Virmont avait-elle oublié Guy? Pour lui il n'avait pas oublié Mlle de Virmont, non plus que sa tante Hélène.

Cette figure le poursuivait toujours dans la solennelle poésie de la mort. La tragique aventure avait mûri son esprit ; c'était la même figure, ce n'était plus le même homme. Il s'était arraché au désœuvrement par un voyage autour du monde et autour de lui-même, car il s'était jeté dans des études physiologiques ; lui qui avait vécu sans y songer, il se préoccupait de savoir pourquoi l'homme était jeté sur la terre, celui-ci riche à se croiser les bras, celui-là pauvre à ne pouvoir assouvir sa faim ; suivant le mot moderne, il avait ausculté la terre pour savoir quelque chose du ciel, pour connaître l'état de ce ma-

lade éternel qui s'appelle le monde. Il avait
adressé quelques mémoires à l'Académie des
sciences et à l'Académie des inscriptions,
étudiant le présent, mais étudiant le passé.

S'il avait gardé la fatuité des don Juan,
il n'avait pas pris la fatuité du savoir, il étudiait sérieusement mais sans prendre les airs
refrognés de quelques savants de profession.
Il allait un peu moins dans le monde, mais
il ne s'était pas exilé des salons parisiens où
il y a beaucoup à apprendre, comme dans
toutes les zones de l'humanité.

Il passait pour être un des heureux de ce
monde parce que ici-bas on mesure le bonheur à la fortune.

Guy n'était pourtant pas même millionnaire. A peine trente mille francs de rente
qui menaçaient de tomber bientôt à vingt-cinq, puis à vingt, puis au-dessous encore,
puisque par la loi fatale des chiffres il n'y
aura d'autre fortune que celle du travail.
Pierre qui roule n'amasse pas de mousse. C'est
l'histoire des pièces de cent sous ; l'argent

s'use à courir le monde, tandis que le travail s'enrichit à chaque station de l'humanité.

Guy n'était pas un aveugle en cette théorie ; il se promettait après ses études pour mériter le titre d'homme, de prendre d'une façon quelconque une part active dans le mouvement de l'humanité suivant en ceci les leçons de son jeune ami le duc Jean de Persigny, mort dans la préoccupation studieuse de toutes les questions à l'ordre du jour et du lendemain.

Quoique la figure d'Hélène s'effaçât peu à peu dans la trame du souvenir, il subissait encore l'obsession de la morte. « Comme je l'aurais aimée ! » disait-il souvent. Et il disait aussi : « Comme Mlle Eliane ressemble à sa tante ! » Il n'était déjà plus à ces jours de folie où l'adultère lui semblait un gai passe-temps. Il en était arrivé à comprendre les devoirs de la vie, au lieu de chercher l'occasion il la fuyait, se contentant de l'amour par à peu près, par impromptu, par quiproquo, qu'on rencontre en courant les demi-mondaines.

III

M. de Briancour non plus n'oubliait pas Hélène. Il était tout au charme du passé et aux désespérances de l'avenir. Il semblait un arbre à demi déraciné, battu des vents et déjà mort par le bout des branches. On s'étonnait de cette métamorphose tout en comprenant sa douleur, car nul ne niait le charme de sa femme. Beaucoup de jeunes mariés avaient envié sa destinée conjugale. On parlait bien un peu des airs de légèreté qui étaient un des caractères d'Hélène. Mais, quoiqu'elle s'aventurât à l'étourdie, on l'avait toujours regardée comme une honnête femme.

M. de Briancour passait de longues heures de recueillement dans la chambre de celle qui n'était plus là, mais dont il retrouvait l'âme. Il évoquait Hélène, tout en regardant le lit où elle était morte. Il la retrouvait jusque dans les miroirs, il remuait ses papiers avec un sombre plaisir, il feuilletait ses souvenirs de jeune fille, jusqu'à ses lettres commencées. Tout lui parlait comme si elle eût remué les lèvres.

Il regrettait tant de jours perdus, où il avait oublié de l'aimer. Il se frappait le cœur en se disant : « C'est ma faute ! » Pourquoi n'était-il pas allé à ce château de malheur ?

Un jour qu'il cherchait parmi les papiers d'Hélène, il trouva un carnet couvert en peluche violette, où sa femme avait écrit à la diable quelques pages de souvenirs.

On pourrait déjà étudier le caractère d'Hélène dans des souvenirs qu'elle écrivait dès l'âge de treize ans pour lire à ses petites amies.

En voici quelques fragments recopiés par M{^{lle}} Aurore, parce que sa jeune maîtresse écrivait si mal qu'elle ne pouvait plus se relire elle-même :

« 17 janvier 1869.

« Tout le monde me trouve adorable, mais je trouve, moi, que je suis la plus mal élevée parmi les petites filles de mon âge. Maman se figure que la bonté triomphe de tout, mais j'ai beau pleurer tous les jours dans ses bras, en m'accusant de mes caprices, je recommence mes folies cinq minutes après.

« Et pourtant j'adore ma mère, mais ce n'est pas elle seulement qui me gâte, c'est tout le monde, même mon miroir, comme dit maman. Je devrais prendre modèle sur ma sœur qui est un ange, par sa douceur et par sa gentillesse. Elle obéit au doigt et à l'œil.

« Elle étudie avec une soumission sans pareille, mais d'où vient qu'elle ne sait rien, elle qui a tout appris, quand je sais tout, moi qui n'ai rien étudié, ce dont l'institutrice enrage. Ainsi au piano je ne sais pas comment cela se fait, mes doigts vont tout seuls et frappent juste, tandis que ma pauvre

Blanche sue sang et eau pour débrouiller le chaos des musiciens.

« Et à propos de musique il m'arrive de trouver des mélodies et des symphonies comme on trouve des fraises dans les bois sans les chercher; mes trouvailles ne sont peut-être pas très catholiques, mais enfin ça ne chante pas mal du tout à l'oreille. M. le curé lui-même me fait des compliments; mais, quand j'ai fermé le piano, j'ai toutes les peines du monde à le rouvrir. Il me semble que je soulève une montagne, et pourtant, dès que je pose les doigts sur les touches, je me sens emportée comme sur mon petit cheval à travers tous les détours du parc.

« Pour ce qui est de mes autres études, je vous dirai, mes chères petites amies, que je ne suis pas bien sûre que deux et deux fassent quatre. Mais j'aime la géographie, parce que c'est une manière de voyager. Maman nous a conduits à Trouville, à Biarritz, à Cannes, puis à Rome, à Venise et à Londres, maintenant je voyage toute seule dans tous les pays du monde. J'ai l'art de bien voir par l'imagination ; quand je m'ennuie en France, je fais le tour de l'Europe ; quand je m'ennuie en Europe, je fais le tour du monde. Ce n'est pas tout : je voyage aussi dans les étoiles. C'est là que je prouve à mon institutrice qu'elle est une ignorante ; elle me parle de la Chine où elle n'est pas allée, pourquoi ne me parle-t-elle pas du ciel où elle n'ira jamais? Que me font tous les pays de la terre, à moi qui n'aspire qu'au ciel ?

« Je n'en suis pas plus dévote pour cela. Quand j'ai fait ma première communion, le curé qui nous donnait l'hostie avait une figure toute rouge et toute ronde ; tous les prêtres devraient avoir la figure de Jésus-Christ. Je vais à la messe avec plaisir, mais j'ai peur que ce ne soit par distraction : si nous étions entre nous, je vous dirais même que pour moi l'église ressemble trop à un théâtre.

« Ah ! le théâtre, parlons-en. Je suis allée trois ou quatre fois à l'Opéra, à l'Opéra-Comique et au Théâtre-Français, je chante aussi bien, et je joue mieux la comédie que ces gens-là. Je joue surtout avec plus de naturel; d'ailleurs, partout où je vais, chez grand'maman, chez ma tante, chez les amies de ma mère, qui est-ce qui ne joue pas bien la comédie ? car on ne dit jamais ce qu'on pense, excepté moi. Ce qui m'a déjà coûté bien des larmes.

« Je n'ose l'avouer, mon rêve serait d'être comédienne, mais il paraît que c'est mal porté; d'ailleurs je n'aime guère les comédiens, qui sont tous plus ou moins des poseurs. Après ça, qui est-ce qui ne pose pas parmi les gens du monde? C'est ce qui me désespère de ne jamais voir les hommes et les femmes parler comme ils pensent. C'est curieux de voir comme les plus simples monent encore sur des échasses. J'ai eu l'idée, vers ma treizième année, d'écrire des romans, parce que j'en avais volé quelques-uns dans la bibliothèque pour les lire la nuit; j'avais toujours entendu dire par celle-ci, par celle-là : « Avez-vous lu le roman de M. Feuillet? Avez-vous lu le roman de George Sand? Avez-vous lu le roman de M. Je ne sais qui? »

« Eh bien, en vérité, tous ces gens-là font des romans qui ne sont pas bien malins. J'ai plus d'imagination à moi toute seule. Ce que j'en ai conté de romans aux arbres du parc, on ne peut pas s'en faire une idée ; je vous en conterai bien d'autres aux vacances prochaines. Seulement, quand j'ai trouvé le mot pour pleurer, je ne m'épuise pas en phrases superbes. Ce n'est pas la peine de mettre une robe à queue pour prouver qu'on a du cœur.

« Quand je suis dans l'histoire, je brouille les siècles comme nous brouillons les cartes quand nous jouons ensemble. Je n'aurai jamais la science des dates, un peu plus je ferais mourir Cléopâtre sur la guillotine et je donnerais un aspic à Marie-Antoinette ; mais, quand je récite une leçon, je pare la marchandise et j'enjôle l'institutrice par des à peu près. »

Voici une autre page écrite l'année suivante : « On parle de me conduire dans le monde ma cousine et moi, c'est à mourir de rire. Est-ce qu'aujourd'hui les jeunes filles ne font pas leur entrée dans le monde quand on les sèvre ? Est-ce que maman ne nous a pas conduites partout, d'abord sous prétexte de bals d'enfants, ensuite dans les concerts de charité; enfin au sermon, ce qui est encore une fête mondaine, sans parler des grands jours du Cirque et de l'Hippodrome ? Mais elle veut bien faire les choses : nous commencerons par un dimanche de la princesse des princesses, je suis curieuse de voir ce qui reste des beaux jours de l'Empire. J'ai déjà vu la princesse, qui me plaît beaucoup, parce qu'elle est majestueuse sans le vouloir, on voit bien que celle-là est une fille de roi.

. . . .

Eh bien, nous avons fait notre entrée dans le monde, ma cousine était comme chez elle, moi je ne me retrouvais pas. Cela m'a paru une comédie si bête de recevoir des compliments de gens qui n'en pensent pas un mot. On nous a même complimentées sur nos robes montantes, deux robes pareilles, quoique ma cousine soit aussi brune que je suis blonde. C'était ridicule, mais maman l'a voulu ainsi. J'ai vu chez la comtesse des peintres qui semblaient hurler devant cette cacophonie.

« Quel supplice pour moi ! mon rêve eût été d'entrer par la fenêtre au lieu de passer par la porte ou bien de tomber dans le grand salon comme un aérolithe, tant j'ai horreur des choses convenues. Eh bien, oui, mais il paraît que tout est de convention et que la vie est réglée comme un papier de musique. Hé bien, ma vie ne sera pas comme ça : je ne veux pourtant pas qu'elle soit déréglée, mais je ne veux pas des grandes routes battues par tout le monde, j'aurai mes sentiers perdus. Dieu ne m'a pas condamnée à être une perpétuelle écolière qui reçoit sa leçon chaque matin. « As-tu déjeuné, Jacquot ? »

« Il y a bien assez de perroquets pour qu'il y ait une perruche de plus. »

Je ne vais pas plus loin pour peindre les aspirations originales et les idées fantasques de ce jeune cœur. M. de Briancour ému jusqu'aux larmes baisait religieusement toutes ces pages comme des reliques.

On pourrait faire tout un demi-volume des premières envolées d'esprit d'Hélène.

C'était déjà un esprit et un caractère indomptables; on ne s'inquiétait pas de la voir si originale, croyant que, passant de la fillette à la jeune fille, elle deviendrait raisonnable comme les jeunes filles du temps passé. Ce qui devait la sauver, c'est qu'elle avait une haute idée des vertus familiales, et qu'elle parlait déjà du haut de son mépris des femmes du monde dont on déplorait les frasques.

Sa mère disait : « Ce qui sauvera Hélène, c'est sa gaieté railleuse ; elle se moque trop bien de tout le monde pour vouloir que tout le monde se moque d'elle. »

Rien ne peut sauver les femmes qui n'ont pas peur.

Georges, quoique bien architecturé, ne jouissait pas d'une santé robuste. A diverses reprises l'anémie l'avait atteint. Les médecins avaient eu toutes les peines du monde à l'empêcher de fumer sa douzaine journalière de cigares et à l'exiler des demi-nuits fiévreuses du cercle, qui souvent l'avaient conduit à d'autres demi-nuits plus fiévreuses encore.

Un jour il tomba sérieusement malade. Il ne se passait pas de mois qu'il ne fît le voyage en Bourgogne au tombeau de sa femme. C'était comme un rendez-vous sacré. Il portait au cimetière les plus beaux bouquets qu'on pût trouver dans ce merveilleux jardin qu'on appelle Paris.

Quoique déjà alité, il ne voulut pas manquer à son pèlerinage. Il espérait d'ailleurs que ce voyage dans un beau pays lui redonnerait des forces. Mais loin de là ; ce fut à peine s'il put se traîner au cimetière un dernier bouquet à la main.

Oui, un dernier bouquet ; il était naturellement descendu au château de sa belle-mère, toujours éplorée; il sentit que c'était le sépulcre; sa belle-mère toute en noir passait sa vie en prières et en larmes; à peine si elle se consolait un peu quand venait son autre fille et sa petite-fille, mais le marquis de Virmont lui-même devenait silencieux dans ce château en deuil où son ami le vin de Champagne eût paru une profanation. Mme Heurtemont parut si affligée de voir Georges malade, elle lui prodigua des soins si touchants, qu'il n'osa parler de revenir à Paris, mais au bout de quelques jours il était trop tard. On était en janvier, la neige comme un linceul couvrait tout le pays. Il remit de jour en jour son départ. Ayant perdu sa mère tout jeune, il trouvait doux de croire à une autre mère. Il passait la moitié de la journée à causer de sa femme avec Mme Heurtemont.

Enfin il se sentit mieux et parla de s'en aller à Paris, mais alors survinrent la marquise de Virmont et sa fille; le château fut plus animé; Éliane, sur la prière de Georges, fit courir ses doigts sur le piano, pour lui rappeler les airs chers à la morte : Mozart, Weber, Gounod.

« Ma chère nièce, dit le malade à Éliane, si vous êtes près de moi quand je mourrai, n'oubliez pas de me jouer la valse de *Faust* ou la sérénade de Weber. »

M. de Briancour eut une rechute; le marquis vint alors; par sa gaîté il lui redonna l'espoir de vivre, mais ce ne fut qu'une nouvelle phase. Peu de jours après deux médecins de Dijon appelés en consultation avertirent la vieille châtelaine que son beau-fils n'avait plus que quelques jours à vivre.

Quoiqu'il ne se crût pas si près de sa fin, il écrivit son testament, ce qui ne fut pas long. Il semblait que sa femme fût à son chevet, car ce testament commençait par ces mots :

« Je meurs de la mort de ma femme. »

Par les lignes suivantes, il donnait sa fortune, bien réduite au baccarat, à deux amis pauvres, à Éliane, à deux autres nièces, filles de son frère, enfin à l'église de Malval.

Sa belle-mère, à qui il confia ses dernières volontés, voulut lui faire comprendre qu'il lui fallait demander les secours de la religion.

« Non, dit-il, je veux mourir comme Hélène, en communion avec Dieu ; mais j'ai horreur de tout ce qui est théâtral. »

Mme Heurtemont se contenta de faire le signe de la croix.

« Hélas ! dit-elle, je prierai pour vous. »

Il ne survécut pas trois jours ; il avait usé l'étoffe de la vie, il ne lui en restait plus que le suaire.

Le marquis, assistant à ses derniers moments, s'en alla fumer un cigare en murmurant :

« Ces gens-là ne savent pas vivre ; il faudrait qu'ils fussent toujours couchés sur un lit de roses. Que diable ! il est permis de pleurer, mais pas de mourir à trente-cinq ans. »

C'en était trop pour la pauvre châtelaine de Malval. Un matin qu'Éliane, selon son habitude, allait dire bonjour à sa grand'mère, elle fut frappée de la voir si défaite et si abattue.

« Mon enfant, je vais mourir.

— Mais, grand'mère, tu sais les désolations et les désespoirs de maman; de grâce, ne nous abandonne pas. Je comprends tout ton chagrin, mais je veux que tu vives pour nous. »

Elle vécut pour souffrir avec de nouvelles angoisses.

Car ce n'était pas tout. La mort, comme un épervier gigantesque, avait plané et battu des ailes sur toute cette famille comme sur une proie.

IV

Mme de Virmont, frappée d'un rude coup par la mort d'Hélène, avait senti en elle toute une révolution. Cette mort romaine, cette vertu indignée qui se cachait dans le suaire, ce cœur fier qui ne voulait pas survivre à la violation du cœur, agitait l'âme de Blanche. Elle comprit mieux que jamais que toute chrétienne qu'elle fût, elle était catholique et apostolique, mais pas du tout romaine. Tomber comme elle l'avait fait de chute en chute, se relevant pour embrasser la croix, mais retomber encore, c'était le jeu d'une pécheresse de plus en plus coupable. Elle se révolta tout à fait contre elle-même, tout en admirant Hélène, cette adorable Hélène qui, plus d'une fois, l'avait sauvée de ses périls, s'accusant pour elle ou ne s'offensant pas d'être accusée pour que Blanche fût hors d'atteinte. Elle jura qu'elle ne se laisserait plus jamais reprendre aux amorces enivrantes de la volupté, dût-elle meurtrir son beau corps, selon l'exemple des anciens martyrs; elle se réfugierait dans l'Église, sans avoir à passer au confessionnal. Elle ferait mieux encore : elle prendrait sa fille sur son sein pour sentir battre le cœur de la vertu.

Son mari la surprit souvent toute en larmes.

« Pourquoi pleurer ?

— Je pleure Hélène. »

Elle pleurait sa sœur, mais elle se pleurait elle-même.

Et telle était la force des passions qui l'avaient dominée, qu'elle avait encore des frémissements charnels. Elle levait le rideau de sa vie pour la condamner; mais le spectacle du passé lui donnait des secousses voluptueuses. On a dit : « Les femmes ne se repentent que pour savourer encore leurs péchés. » Mme de Virmont avait beau s'indigner, elle se laissait reprendre à la douceur des souvenirs.

Depuis la mort de sa sœur, non seulement son grand deuil avait préservé Mme de Virmont, mais elle avait senti toute la lâcheté de ses abandonnements. Elle avait commencé à prendre sa revanche à Royan.

Pour son plus grand malheur, elle se laissa reprendre une dernière fois à ses passions aveugles. A certains jours, un nuage étouffait sa raison, elle subissait la tyrannie de voluptés toutes corporelles, la force du sang abattait sa dignité d'épouse et de mère ; selon le vieux mot : *elle s'oubliait.*

Ce fut ainsi qu'après trois ou quatre rencontres avec un ambassadeur étranger, familier aux femmes et sachant cueillir l'heure nocturne, la pauvre Blanche s'oublia encore.

Voyez ce lendemain lamentable où elle reconnut la main de Dieu.

On sait que le marquis de Virmont avait un fils. Il en était très heureux et très fier. Il lui avait, avec intention, donné le prénom d'Alexandre, rêvant pour cet enfant de hautes destinées guerrières. Il lui soufflait la passion des armes. A peine marchait-il qu'il lui achetait tout un corps d'armée en soldats de plomb. Le marmot devenait batailleur; il commandait les gens de la maison avec une petite épée à la main; aussi le marquis disait-il :

« En voilà un qui relèvera la race des Virmont. »

Au lycée Henri IV, Alexandre s'était signalé par des affaires d'honneur; pour les gamins, la valeur n'attend pas le nombre des années. Mais son tempérament de diable à quatre tomba alors jusqu'à l'anémie. Les médecins conseillèrent de le rappeler à la maison, loin du lycée homicide, de mettre les études de côté pour ne plus vivre que de la vie active. L'enfant accompagna au Bois son père tous les matins sur un petit cheval arabe qui fut alors très remarqué, surtout par les enfants de Ferdinand de Lesseps, qui rivalisent avec tous les sportsmen, des plus grands aux plus petits.

Ces vacances avant les vacances ne remirent pas carrément le petit Alexandre sur ses pieds. Il parut d'abord reprendre sève; mais on s'aperçut bientôt qu'il pâlissait de jour en jour : c'est que la maison lui était moins favorable que le collège, parce qu'il ressentait dans la maison un chagrin de tous les instants.

On croit trop que les enfants absorbés par leurs jeux ne voient pas bien ce qui se passe autour d'eux; mais les yeux de l'enfant ont peut-être des regards plus pénétrants, parce qu'ils sont moins émoussés. Comme ils ont déjà un sens profond de toutes choses, ils étudient d'un air insouciant; ils percent les masques et ils lisent dans les âmes, sans jamais parler de leurs découvertes, ne voulant pas qu'on se mette en garde contre eux.

Tout se paye, toute robe rose a son revers noir ou ses plis d'ombres, toute gaieté renferme des larmes. Les plus belles joies finissent par les plus âpres chagrins. Ce que je dis là est vieux comme le monde, car le monde a commencé ainsi. La pomme cueillie est le symbole éternel.

M*me* de Virmont croyait que le repentir efface la faute, parce qu'elle ne savait pas que si la justice de Dieu nous frappe dans l'autre monde, elle nous frappe déjà dans celui-ci. Elle devait être punie en son amour maternel de ses plaisirs dans ses amours profanes.

Le marquis de Virmont avait espéré pouvoir emmener son fils en Algérie, où il avait des vignes et où il allait tous les ans ; mais le pauvre enfant ne se remettait pas ; il avait pâli et pâlissait encore. Il ne rappelait déjà plus l'enfant turbulent et rieur qui présageait la force dans la gaieté. Il ne jouait plus, il n'étudiait plus, il passait des heures en contemplation, tantôt à la fenêtre, tantôt au coin du feu, car il était si refroidi qu'il lui fallait voir le feu aux plus beaux jours de l'été. Pourquoi cette métamorphose presque soudaine ? Quand son père lui parla de partir avec lui pour aller se promener dans leurs vignes de l'Algérie, il dit qu'il voulait rester avec sa mère. Tout enfant maladif ne se sent plus vivre s'il ne se cache un peu de la mort dans les plis de la robe maternelle.

Le marquis parut attristé; mais il était bien loin de croire que le petit Alexandre fût en danger. Le médecin lui-même continuait à dire que ce n'était rien, sinon une fièvre de croissance.

Mme de Virmont resta avec son fils et Éliane, se promettant d'aller bientôt au château de Malval avec ses deux enfants, convaincue que l'air de la forêt voisine effacerait bien vite les mélancolies fiévreuses d'Alexandre. Mais elle remettait toujours au lendemain le départ pour la Bourgogne. Pourquoi? C'est que son cœur était encore pris par une fantaisie imprévue. Elle avait eu beau jurer à la mort de sa sœur que c'en était fait de ses folies et qu'elle se tiendrait strictement dans son devoir, toute à son mari, toute à ses enfants !

Et quelle était cette autre fantaisie? Un duc étranger qu'elle avait rencontré à un dîner chez la comtesse de K... Il s'était pris à ses beaux yeux, quoiqu'elle ne songeât point du tout à le jeter à ses pieds. Mais le duc lui-même avait de beaux yeux dont elle ressentit l'éclair comme un éclair d'orage. On dîna encore ensemble. Le duc vint aux mercredis de la marquise, le second mercredi il la trouva seule. Il parla avec une séduction mordante. Il savait bien qu'il n'avait pas affaire à Junon. Il n'y alla pas par quatre chemins. Blanche, qui n'était jamais tout à fait maîtresse d'elle-même, n'eut pas la force de lui fermer la porte; d'ailleurs, il s'arrangea si bien, qu'il se trouva souvent sur son chemin. La bataille fut engagée.

Le marquis, qui ne veillait pas plus sur sa femme que sur un objet d'art, ne s'aperçut pas des obsessions du duc.

Il ne vit là qu'une galanterie mondaine qui ne devait pas l'inquiéter lui-même. N'était-il pas toujours d'une galanterie plus bruyante avec toutes les femmes de son entourage? C'était en tout bien tout honneur. Aussi ne prit-il pas aussi au sérieux ce qui était très sérieux. Quand il partit pour l'Algérie, le feu était à la maison.

Mais ce qu'il n'avait pas vu, le petit Alexandre le voyait, chaque jour et à toute heure. Plus que jamais il s'attachait à sa mère, s'enroulant autour d'elle, se disant plus malade pour avoir le droit de monter sur ses genoux, la dévorant de baisers quand venait le duc; et le duc, qui venait d'abord le mercredi, vint bientôt tous les jours.

Il aurait bien voulu voir l'enfant à tous les diables; mais Alexandre ne désemparait pas. Bien mieux, il inventait mille histoires pour prouver au duc qu'il fallait que sa mère partît pour l'Algérie ou pour la Bourgogne. C'est en vain que l'amoureux tentait tout au monde pour se faire son ami, il lui disait: « J'ai horreur des étrangers. »

Comme il barbouillait des soldats à l'aquarelle, le duc lui apporta un jour tout un attirail de peinture du plus grand luxe; mais le lendemain, quand le duc lui demanda s'il avait peint avec les couleurs qu'il lui avait données, il lui dit qu'il venait d'en faire un feu de joie parce que les couleurs étaient empoisonnées. Mme de Virmont gronda Alexandre, qui cacha ses larmes en se cachant sur le sein de sa mère.

Et quand le duc fut parti :

« Maman, pourquoi cet homme vient-il ici?

— Tu as bien vu que c'était un ami de ton père.

— Un ami, jamais de la vie! Si mon père le voyait...

— Mais tu n'as donc pas vu qu'en partant ton père lui a dit : A bientôt? Ils doivent chasser ensemble. »

L'enfant se tut pour ne pas accuser sa mère. Le soir, Blanche devait aller chez une amie où le duc devait dîner aussi ; mais Alexandre dit à la marquise :

« Tu n'iras pas! Vois plutôt comme je suis malade ce soir.

— Ta sœur va rester avec toi.

— Non, toi, maman; je sens que je mourrai si tu t'en vas. »

Et il étreignit sa mère avec désespoir. Et elle alla à ce dîner sans comprendre que l'enfant avait la seconde vue.

Mais, à son retour, il lui dit:

« J'ai été bien triste, et toi, tu as été bien gaie, car tu as dîné avec ce monsieur. »

Et, pendant huit jours, ce fut pour Mme de Virmont la même obsession tour à tour cruelle et douce.

Mais la mère ne voyait encore là qu'un enfantillage, aveuglée d'ailleurs par son amour pour le duc.

Quand on vit avec les malades, comme on les voit tous les jours, on ne s'aperçoit pas du travail de la fièvre; on croit que c'est toujours la même physionomie et la même pâleur. Blanche se disait: « Dès que nous serons en Bourgogne, ces jours-ci, Alexandre reprendra ses forces. » Elle écrivit même à son mari que l'enfant allait mieux.

Un soir, elle lui dit qu'elle voulait aller se coucher de bonne heure et que sa sœur allait l'emmener pour lui conter des contes.

« Maman, je t'en supplie, je ne crois plus aux contes; je ne veux pas te quitter, fais rouler mon petit lit dans ta chambre, je te promets de ne pas te réveiller.

— Tu es fou, mon enfant. Bonsoir. »

Et Blanche embrassa Alexandre. Il pria, il supplia, mais elle ne se laissa point attendrir, disant qu'elle lisait dans son lit et qu'elle empêcherait l'enfant de dormir.

Il lui fallut se résigner, parce que la mère prit une figure sévère et que la sœur, toujours aussi douce pour lui, l'entraîna sous ses baisers. Quand ils furent dans la petite chambre, Alexandre dit à Éliane :

« Tu vas rester là et tu vas me parler de mon père.

— Est-ce que tu regrettes de ne pas être parti avec lui ?

— Oh! oui, parce que je serais mort heureux là-bas, tandis qu'ici...

— Tandis qu'ici ?... »

Alexandre pleurait.

« Non, tu ne sauras jamais pourquoi je pleure. »

Éliane embrassa son petit frère en lui disant qu'elle voulait le consoler en lui contant un conte.

Elle ouvrit un des volumes qu'Alexandre avait déjà plus ou moins lus. Il arriva bientôt ceci, qu'elle s'endormit au lieu d'endormir l'enfant malade. Dès qu'il la vit fermant les yeux et appuyant sa tête sur ses mains, il courut à pas de loup jusque vers le petit salon, où était encore sa mère avec le duc.

Il écouta.

Sans doute il entendit des paroles qui le révoltèrent, car il frappa trois fois à la porte.

Mais, effrayé de cette action, il s'enfuit à toutes jambes et se nicha au fond de son lit sans avoir réveillé sa sœur.

Les trois coups qu'il avait frappés jetèrent un grand trouble dans le petit salon.

« Qui donc ose frapper à cette heure? demanda la marquise.

— N'ayez peur, répondit le duc, ce doit être la femme de chambre. D'ailleurs vous me connaissez, je saurai tenir tête à l'orage. »

Mme de Virmont s'était approchée de la porte :

« Qui est là? »

Naturellement le silence seul répondit.

« Et pourtant on a bien frappé. »

La marquise supplia le duc de partir au plus vite. Elle irait à la chambre de sa fille pendant qu'il descendrait l'escalier.

Le duc obéit.

Quand Mme de Virmont entra dans la chambre de sa fille, elle ne trouva pas Éliane, qui était encore chez son frère. Elle la trouva tout endormie devant le lit d'Alexandre, qui étouffait des sanglots sur l'oreiller.

« Pourquoi pleures-tu, mon enfant? »

lui demanda-t-elle, voulant embrasser Alexandre.

Mais l'enfant se révolta, ne voulant pas que sa mère l'embrassât :

« Mais enfin pourquoi pleures-tu ?

— Parce que je souffre. »

Alexandre ne voulut pas dire un mot de plus.

Quelques jours après, la mort avait marqué cette jeune figure de cette étrange physionomie qui n'appartient déjà plus à la terre. Blanche envoya une dépêche au marquis, pour qu'il revînt sans perdre un jour. Elle se dévoua enfin toute à son enfant, mais Alexandre l'accueillait par un silence terrible sans lui témoigner rien de filial. Il disait qu'il voulait dormir, mais il dormait à peine, en proie à ses rêves, dévoré par sa jalousie.

Un jour pourtant, il parla à sa mère :

« Ne sois pas triste, lui dit-il, je ferai ma première communion dans le ciel, je demanderai à Dieu de me pardonner mes péchés... et les tiens... »

Ces mots frappèrent d'un coup terrible l'âme de la mère, mais elle prit un sourire pour lui prouver qu'elle ne comprenait pas :

« Mon pauvre enfant, tu n'as pas péché ni moi non plus. Et d'ailleurs tu ne mourras pas.

— Pourquoi ne mourrai-je pas ? Je sens que c'est si doux d'aller au ciel..., et puis là-haut les mères aiment tant leurs enfants, car auprès de Dieu les mères n'aiment que leurs enfants... »

Mme de Virmont porta la main à son cœur :

« T'imagines-tu donc que j'aime autre chose que toi et ta sœur ? »

L'enfant, pour ne pas répondre, se mit à psalmodier quelques paroles d'un cantique à la Vierge. Déjà il avait eu quelques heures de délire, pendant lesquelles il chantait comme font presque toujours les enfants malades.

Quand M. de Virmont arriva d'Algérie en toute hâte, Alexandre pleurait et chantait toujours. Ce fut à peine s'il reconnut son père. Le pauvre homme éclata dans sa douleur comme un orage de larmes. Toute la maison trembla. Il ne pouvait croire que son fils fût si près de la mort. Il n'avait jamais envisagé un tel malheur : perdre un fils, quand ce fils est charmant, quand c'est un enfant tout rayonnant d'intelligence, quand c'est le dernier de sa race ! Est-il un plus grand désespoir?

Le marquis criait, pleurait, jurait, se jetait dans les bras de sa femme et de sa fille, courait par tout l'hôtel comme s'il dût y trouver un sauveur. C'était la douleur jusqu'à la folie.

« Qu'on aille me chercher tous les plus grands médecins, qu'on aille allumer tous les cierges de Notre-Dame des Victoires! O Dieu, mon Dieu, prenez-moi, mais ne prenez pas mon fils. »

Puis il revenait à son fils et le soulevait dans ses bras.

« Alexandre, Alexandre, tu ne me reconnais donc pas? tu ne m'entends donc pas? »

L'enfant retrouva pourtant quelques lueurs

de raison. Il attacha ses bras autour du cou de son père et fut sur le point de mourir dans cette étreinte.

Après cette secousse suprême qui faillit briser le cœur de son père, il lui parla de ses études, comme il faisait naguère le dimanche. Pareil à tous les jeunes esprits que surmène le lycée homicide, il savait déjà tout de cette science à la vapeur qui brûle tous les chemins de l'intelligence.

Et puis il retomba dans le délire.

Le marquis ne voulut pas quitter la chambre de son fils, comme s'il eût voulu défendre à la mort d'entrer, comme s'il eût espéré retenir cette jeune âme par tout l'amour d'un père.

Une fois encore, Alexandre retrouva la lumière pour reconnaître le marquis : sa mère et sa sœur n'étaient pas là. Il dit à son père :

« Tu aimeras bien Éliane, tu l'aimeras pour moi comme pour elle, tu aimeras aussi maman, mais tu n'iras plus en Algérie sans elle, car il ne faut jamais que tu la laisses seule. »

Sur ces paroles, Mme de Virmont entra.

« Que dis-tu, Alexandre? » lui demanda-t-elle en lui prenant la main.

Le pauvre enfant répondit par ces mots :

« Je dis que je prierai Dieu pour toi. »

Ce furent là ses dernières paroles. Il tomba dans les angoisses de la mort.

Si jamais une maison fut en deuil, ce fut celle du marquis où retentissaient les sanglots d'un père, d'une mère et d'une sœur. Aucun enfant ne fut plus aimé que celui-là.

V

Un an après la mort de son fils, Mme de Virmont n'avait pas voulu quitter son deuil, disant qu'elle ne vivrait plus que dans le noir; mais elle avait exigé que sa fille n'y restât point. Éliane voulait imiter sa mère par souvenir pour sa tante et pour son frère, mais la marquise lui dit que, si elle lui voulait des robes de couleurs riantes, c'était pour réveiller ses yeux à elle. « Et puis, songe, mon enfant, que le deuil finirait par te porter malheur. »

On passa l'hiver au château de Malval.

On vécut dans la plus austère solitude; toutefois on permit à quelques voisins de campagne de revenir en visite au bout d'une année. On s'accoutume à tout, même au chagrin; on se reprend à la vie malgré soi avec la mort dans le cœur. Le marquis chassait avec le tout jeune baron de Saint-Cyr, un comique sans le vouloir, grosse figure réjouie sur un tout petit corps, des yeux hors de tête, des cheveux frisés, des dents à l'anglaise, un vrai poupardin s'il ne se fût donné l'air martial par des moustaches en crocs.

Cet étrange voisin égaya quelque peu M. de Virmont, sa femme et sa fille.

Un physiologiste fera un jour un beau livre sur ce thème de l'avarice et de la prodigalité.

Les avares ont été mis en scène par trois maîtres suprêmes : Plaute, Molière, Balzac. Les prodigues, au contraire, ne se retrouvent que dans la légende de l'Ancien Testament. Bien des pages de l'antiquité et des temps modernes leur sont consacrées; mais on n'a pas encore donné le trait décisif à cette folie que les grands médecins pourraient traiter comme une des maladies du cerveau.

Ne croyez pas, par exemple, que les jeunes prodigues jettent leur argent par la fenêtre pour se donner les joies corporelles ; ils obéissent à une force inconnue qui les entraîne à leur ruine, pour ainsi dire malgré eux, s'ils n'ont pas la volonté de réagir, s'ils ne sont pas doués de cet éclair de raison qui, çà et là, fait la lumière dans le présent et dans l'avenir. Ils sont ainsi fatalement précipités du haut de leur fortune.

Le jeune baron de Saint-Cyr n'avait pas cet éclair de raison. Après des études inachevées, il s'était jeté éperdument dans le tourbillon des gens qui s'amusent, c'est-à-dire des gens qui s'embêtent en croyant qu'ils s'amusent. C'est ainsi qu'il sacrifia le tiers de sa petite fortune, cent mille francs, à faire une figure quelconque au milieu des filles et des chevaux. Il fit des chutes de tous les côtés ; il se gâta le cœur et il se déboita le pied. Il subit toutes les affres de la mort dans un duel sans merci, qui faillit le jeter à six pieds sous terre. Heureusement pour lui, il fut doté d'un conseil judiciaire qui sauva la moitié de sa fortune, tout juste au moment où il devenait la proie de ces usuriers qui font semblant d'avoir de l'argent, et qui vivent sur les entraînés de la ruine. Le conseil judiciaire arrêtant toutes les sources du crédit, M. le baron, quelque peu défrisé, retourna dans ses terres pour jouer au gentilhomme parisien en villégiature. C'est alors qu'il fut présenté comme voisin de campagne et comme chasseur matinal au marquis de Virmont, qui eut la bonne grâce de l'inviter à dîner.

Dès que le jeune baron vit Éliane, il fut émerveillé de sa grâce ondoyante et de sa beauté en fleur. « Imbécile ! » se dit-il à lui-même. C'était la première fois qu'il se jugeât bien. « Imbécile ! reprit-il, si je n'avais pas mangé cent mille francs comme un fou, je pourrais, avec ce qui me reste, tenter l'aventure pour épouser Mlle de Virmont ; mais, après tout, on ne sait pas ce qui peut arriver. » Il mit en éveil toute son intelligence, il déploya toutes ses grâces bécarriennes, il s'évertua même à faire de l'esprit en se rappelant les mots de la fin du *Figaro*, du *Gaulois*, de l'*Événement*. Depuis qu'il était sorti du collège, il n'avait pas tant étudié.

Au premier dîner, on le trouva gentil et gentilhomme; au second dîner, on le trouva fat et gentillâtre; au troisième dîner, on le trouva rien du tout.

Aussi le marquis de Virmont décida en conseil de famille qu'il ne serait plus reçu que dans les parties de chasse.

M. de Saint-Cyr n'attribua pas ce refroidissement à sa manière d'être. Il se flatta de cette idée que M. et Mme de Virmont avaient peur qu'il n'enflammât Éliane par le feu de son esprit tout autant que par le feu de ses yeux. La vérité, c'est qu'Éliane, qui alors n'était préoccupée que de sa volière et de ses roses moussues, ne s'aperçut pas une seule fois que M. de Saint-Cyr était un des convives des petits dîners. Elle n'avait d'ailleurs aucun goût pour la gentilhommerie chevaline. Elle avait dit un jour : « Autrefois les hommes étaient chevaleresques ; aujourd'hui, il n'y a plus que des chevalins. »

« C'est égal, disait le jeune baron, elle fait semblant de ne pas me remarquer, mais je saurai bien m'imposer à son cœur. »

Comme on se rencontrait quelquefois par la campagne, il décida sa mère à lui acheter un beau cheval qui fût digne des regards d'Éliane — et qui fût digne de lui-même — M. le baron de Saint-Cyr !

Vers le mois de mars, il fut décidé qu'on ferait un voyage à Paris, où le marquis, d'ailleurs, restait plus de la moitié du temps, disant qu'il mourrait bien vite s'il n'oubliait un peu son fils. Éliane se ressentit renaître dans l'atmosphère parisienne. Mme de Virmont ne voulait pas reparaître dans le monde, mais M. de Virmont conduisit sa fille dans quelques fêtes du faubourg Saint-Germain et des Champs-Élysées.

Il semblait que la destinée voulût qu'elle rencontrât toujours M. de Marjolé. A la seconde sortie, elle l'aperçut qui valsait dans le salon de la princesse ***. Un peu plus, elle priait son père de la reconduire à l'hôtel, mais cela eût inquiété sa mère comme son père. Elle se résigna à danser avec son voisin de campagne, le baron de Saint-Cyr.

Pendant tout le quadrille, il lui parla des délices de la Bourgogne, des tourelles de son manoir, de son équipage de chasse, sans lui dire que cet équipage se composait d'un cheval, d'un fusil, d'un chien et d'un garde qui tirait pour lui, M. le baron, quand il voulait du gibier.

A la fin du quadrille, M. de Saint-Cyr fut content de lui, croyant qu'Éliane souriait de ses compliments, tandis qu'elle riait de ses ridicules.

Comme on allait encore valser, M. de Marjolé vint droit à Mlle de Virmont, emporté par une force qui dominait sa raison.

« Mademoiselle, permettez-moi de valser avec vous.

— Je ne valse pas, » répondit Mlle de Virmont, toute rougissante.

Guy salua très profondément et prit une valseuse dans le voisinage.

Éliane ne put s'empêcher de remarquer la grâce chevaleresque de Guy; tout autour d'elle on disait : « Voyez donc Marjolé, c'est l'idéal des valseurs, » ou bien : « Guy aurait inventé la valse, » ou bien encore : « Il vous donne des ailes quand on part avec lui. »

La curiosité, qui plus d'une fois avait pris Éliane à propos de Guy, revint la tourmenter. « Quel est donc cet homme? Pourquoi cette obstination de ma mère à refuser de le voir? L'a-t-il offensée? Est-il l'ennemi de mon père? »

Et, sans le vouloir, elle suivait le valseur des yeux. N'enviait-elle pas sa valseuse, qui se penchait amoureusement sur son bras et qui semblait emportée par l'ivresse des rêves?

Vint le cotillon. Éliane ne voulut pas en être, mais la maîtresse de la maison l'entraîna malgré elle.

« Mademoiselle, M. de Virmont m'a dit de vous traiter comme ma fille, or ma fille danse le cotillon. »

Voilà donc Éliane dans le cercle infernal où, pour une heure, les femmes et les filles ne savent pas bien ce qu'elles font. Cette joie bruyante l'effraya d'abord, loin de lui donner la griserie des fêtes, comme à tant d'autres jeunes filles ; toutefois elle finit par s'y acclimater ; elle trouvait doux de s'oublier un peu ; pourquoi ne ferait-elle pas comme ses amies ? D'autant plus que tout le monde parlait de sa beauté.

Tout à coup, la peur la ressaisit ; elle s'aperçut que M. de Marjolé était du cotillon. Or là il n'y a pas de façons à faire : on ne vous invite pas à un tour de valse ; on vous prend au passage et l'on tourbillonne dans le cotillon. A diverses reprises, Éliane se sentit sous la main de Guy. Ce n'était que pour un instant ; mais, à chaque fois, l'émotion lui donnait des battements de cœur. Elle pensait que cet homme, qu'il fallait fuir, elle allait le rencontrer partout dans la haute société parisienne. Que dirait sa mère si un jour elle apprenait qu'elle avait cotillonné avec Guy? Par malheur pour elle, la pauvre Éliane, elle aimait déjà trop Guy sans le savoir pour avertir elle-même la marquise.

Au souper, le hasard la jeta encore sur le chemin de M. de Marjolé; il allait se mettre à table à côté d'elle quand, fort à propos, M. de Virmont, qui ne manquait jamais un bon souper, vint prendre la place. Elle remarqua que son père répondit au salut de Guy par un salut très digne, mais enfin il le salua.

« Ils ne sont donc pas brouillés ? » se demanda Éliane.

Je ne dirai pas combien de fois se rencontrèrent ces amoureux sans le vouloir, car Guy voulait fuir Éliane comme Éliane voulait fuir Guy, mais il y a des puissances occultes qui enchaînent tel homme à telle femme, sans qu'ils puissent rompre la chaîne, tantôt chaîne de roses avec des épines, tantôt chaîne de fer toute couverte de velours. Tout en voulant se fuir tous les deux, ils étaient bien heureux dès qu'ils se voyaient. Guy croyait retrouver son âme, Éliane croyait retrouver son cœur. Ils avaient fini par se parler beaucoup; plus ils parlaient, plus ils se découvraient des sympathies secrètes.

Guy adorait les arts, Éliane peignait au pastel. En musique ils aimaient les mêmes maîtres.

Un soir, chez la princesse ***, où ils avaient dîné tous les deux, on joua au secret du cœur. Toutes les femmes devaient aller au piano et jouer l'air le plus aimé. Quand Éliane alla au piano, elle joua avec un grand sentiment ce vieil air de Martini : *Plaisir d'amour*, qui fit dire à Marie-Antoinette : « Florian a mis cela en vers, mais Martini a mis cela en poésie. » Éliane joua avec tant d'âme, dans la couleur du temps, que tout le monde fut charmé.

« Je connais votre secret, dit le duc de Sabran à M{{lle}} de Virmont.

— Oh non! vous ne le connaissez pas, car ce n'est pas l'air que j'aime que j'ai joué : j'ai joué l'air favori de ma tante Hélène. »

Tout en disant ces mots, ses yeux s'arrêtèrent sur Guy. « Pourquoi est-il si pâle ? » se demanda-t-elle avec surprise.

Dès qu'il put l'approcher, il la félicita de jouer avec un si doux sentiment.

« C'est bien naturel, lui dit-elle, je jouais sous l'inspiration de ma tante Hélène; l'avez-vous connue ?

— Je ne me souviens pas.

— Quoi! vous n'avez pas rencontré dans le monde M{{me}} de Briancour, qui était si belle et qui avait tant d'esprit.

— Peut-être, mais vous savez que mes fonctions m'ont éloigné pour quelque temps de Paris! »

On reparla pastel et musique, on parla des beaux jours qui étaient revenus. Guy peignit son chagrin d'être obligé de regagner son poste.

« D'ailleurs, dit-il à Éliane, vous allez vous-même retourner en Bourgogne.

— Oh! j'irai peut-être à Deauville : ma mère ne veut pas, mais mon père la décidera... parce que je la déciderai moi-même...

— Eh bien, par malheur, mademoiselle, ce ne sera pas cette mer-là que je courrai, parce qu'on veut m'envoyer en Chine.

— Oh! comme je serais heureuse d'aller en Chine ! »

Guy soupira :

« Mademoiselle, on vous a parlé du grand mur de la Chine. Eh bien, il y a toujours un grand mur devant le bonheur.

— Pourquoi ?

— Parce que la terre, vous le savez bien, est une vallée de larmes. »

Guy se leva et salua Éliane avec une profonde expression de tristesse.

M. de Virmont survint.

« Il était temps qu'il s'en allât, dit-il à sa fille. Tu sais bien que nous ne devons pas voir ce monsieur-là, qui compromet toutes les femmes.

— Oh ! mon père, si tu savais comme il me parle avec respect ; je ne lui ai pas entendu dire un seul mot qui pût offenser une jeune fille.

— Oui, mais une autre fois tu lui brûleras la politesse. »

Éliane fut désolée, il lui sembla que le grand mur de Chine s'élevait entre elle et Guy, et pour achever de la désespérer, le baron de Saint-Cyr vint s'asseoir à côté d'elle.

« Ah ! mademoiselle, vous avez bien tort, quand M. de Marjolé vous parle, de ne pas le renvoyer à toutes ses drôlesses de petits théâtres ; voyez-vous, tout ce qu'il vous dit me fait penser aux bijoux du Bourguignon : ses sentiments sont en toc ; sous la dorure, il y a du vert-de-gris.

— Et ceux qui ne sont pas dorés sur

toutes les coutures, monsieur de Saint-Cyr, qu'y a-t-il dessous ? La bêtise humaine.

— La bêtise humaine, mademoiselle, vaut mieux que la coquinerie inhumaine. »

Éliane le prit de haut.

« Je suppose, monsieur, que vous ne faites pas allusion à M. de Marjolé, qui était assis tout à l'heure là où vous êtes.

— Je ne fais pas d'allusion, je veux seulement dire qu'en Bourgogne, notre pays, un baron sur ses terres vaut bien un coureur de consulats. Dans mon château on a toujours fait rimer bonheur avec honneur.

— Que voulez-vous? il y a des bonheurs à la portée de tout le monde.

— Vous êtes bien dédaigneuse, mademoiselle; mais vous y viendrez dans mon château. »

Éliane se leva avec impatience, pour aller s'asseoir dans le second salon, ne désespérant pas de revoir Guy. En effet, elle l'aperçut qui semblait causer mystérieusement avec la maîtresse de la maison.

On parlait d'elle, mais elle ne pouvait rien entendre.

« Voulez-vous que je demande sa main à son père?

— Il ferait de beaux cris, car il me semble que je lui suis antipathique.

— Vous n'avez rien eu ensemble?

— Non, mais il y a entre nous une personne invincible qui s'appelle la calomnie. On a fagoté sur mon compte des histoires impossibles.

— Quelles histoires?

— Ce n'est pas la peine d'en parler, d'ailleurs je ne m'en souviens plus.

— Ainsi vous croyez que le marquis ne voudrait pas entendre parler de vous?

— Ni lui ni la marquise.

— Nous verrons bien : je n'aime à tenter que l'impossible. Il me plaît d'aborder les situations les plus périlleuses ; à la première rencontre, je veux parler de vous au marquis. C'est un de mes trois ou quatre amis ; je lui passe tous les vices parce qu'il joue bon jeu, bon argent; il n'y a pas d'homme plus cordial ni plus amusant, il a même de l'esprit sans le savoir.

— Eh bien, ma chère princesse, tentez l'impossible. »

A cette dernière parole de Guy, Éliane sentit son regard la frapper au cœur.

Quelques jours après, aux courses du Bois de Boulogne, la princesse fit signe à M. de Virmont qu'elle voulait lui dire un mot. Il monta sur l'estrade.

« Ma foi, mon cher marquis, l'endroit est mal choisi pour vous faire une confidence. J'ai un ami qui adore Éliane, Éliane l'aime beaucoup; comme il a de la figure et de la fortune, comme il est en situation de devenir un de nos ambassadeurs, pourquoi ne lui donneriez-vous pas la main de votre fille? Je vous jure qu'il n'a aucun souci de votre fortune.

— Quel est donc ce jeune personnage?

— Je ne fais pas de façons pour vous dire que c'est M. de Marjolé.

— Pas un mot de plus! je ne veux pas même entendre prononcer son nom. Pariez-vous, princesse?

— Non, puisque je viens de perdre avec vous! Ou bien, je vais faire avec vous un pari d'un nouveau genre : si *Cosaque* arrive le premier, vous me permettrez de vous dire encore le nom de M. de Marjolé; si c'est *Fatma*, eh bien, j'aurai perdu mon pari.

— Je vous reconnais bien là, vous aimez les tireuses de cartes.

— La vie! qu'est-ce autre chose qu'une partie de baccarat? »

Le marquis n'eut pas l'air de tenir le pari; mais, comme *Cosaque* gagna le prix, la princesse s'écria : « Nous reparlerons de ça!

— Jamais!

— Jamais! c'est un mot que je ne connais pas. »

Le soir, le marquis dit à sa femme, pendant qu'Éliane écoutait aux portes.

« Tu ne sais pas? cette folle de princesse qui m'a parlé de M. de Marjolé, et qui m'a presque demandé pour lui la main d'Éliane!

— Juste ciel ! rien que cette idée est un malheur ! »

Le marquis n'était pas si tragique.

« Après tout, dit-il, je crois qu'il y a eu là un malentendu, peut-être une calomnie, car ce Marjolé m'a tout l'air d'un galant homme !

— De grâce, mon ami, brisons là. Tu sais bien que nous ne nous sommes jamais compris à ce propos. »

Le marquis de Virmont ne savait pas bien l'histoire de Guy et d'Hélène; or ni le mari d'Hélène ni la marquise ne lui en avaient dit un mot, sinon que M. de Marjolé avait compromis sa belle-sœur par ses impertinences galantes. Il y avait eu un duel ; mais, quand on porte très haut le point d'honneur, on peut bien donner un coup d'épée à quiconque ose dépasser les bornes de l'exquise galanterie. Il était bien loin de voir un Sextus dans M. de Marjolé.

VI

Éliane se coucha et ne put dormir. Elle avait beau vouloir se soumettre aux idées de sa mère qui étaient bien un peu les idées de son père, elle sentit que sa vie était déjà enchaînée à la vie de M. de Marjolé.

Le lendemain, il fallut appeler le médecin : elle avait la fièvre et elle divaguait tant son chagrin était profond. Vers le soir, sa mère la surprit agenouillée sur son lit, priant Dieu tout haut :

« *Mon Dieu! mon Dieu! délivrez-moi de lui!* »

Pendant tout un mois, Mlle de Virmont fut très malade; à trois reprises on faillit la perdre. Ce ne fut bientôt plus qu'une ombre à peine rattachée à la vie par une dernière force de jeunesse.

Dans ses heures de délire, le nom de Guy

lui vint plus d'une fois sur les lèvres, ce qui fut un désespoir plus grand encore pour sa mère.

M. de Virmont, toujours désolé de la mort de son fils, se désespérait devant le lit d'Éliane.

« Tu vois, dit-il à sa femme, que les haines de famille n'étaient raisonnables qu'au temps où l'on faisait des tragédies. Aimerais-tu mieux donc perdre ta fille que de la voir mariée à Marjolé? »

Mme de Virmont eut un geste superbe. « Oui, la mort pour elle et pour moi plutôt que de la voir condamnée à cet opprobre. »

VII

La princesse était venue deux fois voir Éliane. Elle vint une troisième fois. Ce fut le marquis qui lui parla de Guy; il lui confia l'amour de sa fille et la réprobation de sa femme.

« Pourquoi? lui demanda la princesse, qui était une curieuse.

— Est-ce qu'on sait jamais pourquoi les femmes ont des haines? Moi, je n'en ai pas. Aussi je serais bien heureux de sauver ma fille en pardonnant à Guy s'il a eu des torts. A tout péché miséricorde! »

La princesse, qui connaissait de longue date Mme de Virmont, ne douta pas que Guy ne l'eût conquise et trahie : aussi elle ne voulut pas l'interroger; mais elle affermit le marquis dans cette idée que son devoir était de sauver Éliane à tout prix, sa femme dût-elle se fâcher.

« Vous ne la connaissez pas, dit le marquis; si on lui parle de mariage, elle ne voudra pas y assister.

— Allons donc! toute femme doit obéissance à son mari qui est bon, et à sa fille qui se meurt. Et puis, si elle est absente, on se passera d'elle. Si vous saviez combien Guy est malheureux depuis que cette pauvre Éliane est malade! Vous ne le reconnaîtriez pas, tant il est défait. Si je vous ai parlé de lui, c'est parce qu'il portait dans le cœur l'amour le plus vif, le plus pur, le plus désintéressé. S'il veut épouser Éliane, c'est qu'il l'aime; mais qu'il soit bien entendu qu'il ne veut pas un sou de votre fortune.

— Ça s'est vu, pas souvent, dit le marquis; mais je crois que M. de Marjolé aime Éliane pour elle-même. »

M. de Virmont était fort ébranlé; il aimait trop sa fille pour ne pas tout lui sacrifier, même ses haines; d'ailleurs on a vu que dans ce brave cœur comme dans le mouvement perpétuel de ses plaisirs il n'y avait de place que pour les haines passagères, des haines qui montent comme la colère pour retomber aussitôt. Et puis, tout en pleurant sa belle-sœur, il avait décidé plus d'une fois que Mme de Briancour, une vertu qui s'était risquée aux préfaces de l'amour, avait peut-être trop pris au sérieux son aventure au château normand. Que diable ! quand on joue avec le feu, on hasarde de brûler sa robe. Or, à deux ans de distance, il lui semblait qu'il n'y avait pas de quoi, parce qu'elle était morte, faire mourir aussi Éliane par contre-coup.

Oui, mais tout en promettant à la princesse de recevoir M. de Marjolé, quand il vit le lendemain que sa fille allait mieux, il reprit les sentiments de sa femme et décida que le mariage était impossible.

Au bout de quelques jours le médecin conseilla l'air de la mer.

On partit pour Deauville. C'était aux premiers jours de la saison des bains de mer. Il y avait encore bien peu de monde à Deauville; Mᵐᵉ de Virmont avait accompagné sa fille et son mari; mais, une fois dans sa villa, elle refusa de sortir. Éliane bien chancelante encore s'appuyait sur le bras de son père pour respirer l'air salin. A la seconde promenade, c'était écrit, elle rencontra M. de Marjolé et la princesse qui fuyaient en calèche vers Trouville.

Les chevaux s'arrêtèrent tout court, la princesse pria M. de Virmont de monter à côté de Guy pour que sa fille montât à côté d'elle. Éliane refusa, croyant obéir à son père. Comme la princesse insistait, M. de Virmont finit par accepter deux places pour le lendemain, croyant bien que Guy ne serait plus là.

La princesse était douée d'une de ces vaillantes volontés qui brisent tout sur leur passage. Il faut dire qu'avec son titre de princesse elle avait toutes les vertus qui triomphent des obstacles. Comment résister longtemps à la beauté, à l'esprit et au charme? Bien plus, elle semblait posséder l'éloquence de la raison, quoiqu'elle ne fût pas toujours raisonnable. Aussi M. de Virmont fut conquis.

La princesse donna chez elle un déjeuner tout royal, où elle réunit tous les personnages de haute lignée qui étoilaient alors la plage de Deauville et de Trouville. M. de Virmont fut flatté d'être désigné pour s'asseoir à la droite de la princesse ; il ne fut pas moins flatté de déjeuner à fond de train, car, ne l'ai-je pas dit ? c'était le plus beau gourmand du monde.

Je ne rééditerai pas, à propos du marquis de Virmont, la légende des gras et des maigres. Je me contenterai de dire qu'il était rond comme une futaille et qu'il tournait sur lui-même comme une toupie chaque fois que son éloquence lui donnait le mouvement. Ce matin-là, il rappela ses mésaventures militaires : engagé volontaire dans les cuirassiers, il n'avait pas eu, quoique très brave, la bonne fortune des héros, mais ses duels sont célèbres comme ceux de

Cassagnac. En 1870, il eut beau vouloir être de la grande guerre, une horrible chute de cheval le retint à Paris.

Il rentra dans la vie privée, se consolant de n'être ni Napoléon, ni Murat, ni Canrobert, ni Galliffet, dans l'intimité de la famille, dans les distractions du cercle et du théâtre.

Le marquis avait une figure militaire, comme on dit de tous ceux qui ont de fortes moustaches, un air franc et décidé, la tête haute, le ventre proéminent, la démarche cavalière. On eût dit d'un soldat forcé de s'habiller en civil. Très doux, d'ailleurs, avec une parole cassante.

« On m'a dit que vous étiez très batailleur au régiment, lui dit M. de Marjolé.

— Je crois bien, s'écria-t-il; il ne fallait pas me défriser la moustache. Mon grand chagrin a été de quitter l'armée.

— Et pourquoi l'avez-vous quittée?

— Ah! fichtre, j'aurais bien voulu vous y voir. Il y a des étoiles, mais mon étoile n'était pas là. En premier lieu, il n'y avait pas de bataille sous la main. Ah! ah! la bataille, c'était mon rêve. Il fallait se contenter de se battre en duel. Or cela ne me réussissait pas.

— Vous avez été blessé ?

— Ah! fichtre, non. C'était bien pis que cela : j'ai blessé trois ou quatre camarades, les mettant hors d'état de servir la patrie. Voyez-vous, c'est que tout le monde n'a pas la main heureuse. J'ai même un ami qui est mort des suites d'un duel : il s'était embroché comme un dindon. Aussi, je ne me battais plus qu'au sabre. On se défigure, mais on ne se tue pas.

— Vous avez donné votre démission ?

— Non; je m'en suis allé sans tambour ni trompette, après mes cinq ans, ne voulant pas jouer le rôle de sauveur de la patrie, quoique je reconnusse qu'il n'y a de beau que le métier des armes. Écoutez bien. »

Le marquis devint méditatif, ce qui ne lui arrivait presque jamais.

« J'étais maréchal des logis. J'allais entrer à Saumur, pour devenir officier comme tant d'autres, lorsqu'il m'arriva deux aventures extraordinaires. Le colonel me dit un matin : « Je vous recommande ce jeune bri-
« gadier, qui passe dans notre régiment au
« retour d'Afrique, parce qu'il a le goût de
« la cuirasse. C'est un gentilhomme comme
« vous, fils d'un de mes amis, que j'aime
« déjà comme mon fils. »

« Le garçon était tout à fait gentil, simple, grave, silencieux, peut-être un Napoléon futur, avec son beau front et son œil plein d'éclairs.

« Nous voilà bons camarades. Pour le distraire, car il était un peu dépaysé dans le régiment, je lui donne l'ordre d'aller délivrer un soldat corse prisonnier depuis huit jours. Ce fut bientôt fait. Le maréchal des logis marcha avec lui à la prison, une manière de lui faire connaître un cabinet de travail où nous allions tous plus ou moins au temps du carnaval. Il supposait que le

Corse allait sortir gaiement ; mais point : il le regarda d'un œil de travers, comme s'il l'eût arraché aux délices du cabaret ; tous deux revinrent à la chambrée sans se dire un mot. Je discutais alors avec un camarade. Le brigadier s'avança de notre côté. Mais, à cet instant, le Corse prit une carabine dans le râtelier d'armes : il y mit rapidement une cartouche et ajusta le brigadier. Le coup partit, le brigadier tomba au moment où je vis briller la carabine. Je me précipitais donc trop tard. Fichtre ! il me fallut me maîtriser fortement pour ne pas étrangler le Corse et pour ne pas le laisser mettre en pièces par tous les hommes de la chambrée. Vous n'imaginez pas l'horreur du drame. « **Tu es
« donc fou, misérable ?** » demandai-je à l'assassin.

« — Je me suis vengé. Quand on m'a
« condamné à huit jours de prison pour
« n'avoir rien fait, j'ai juré de faire quelque
« chose, j'ai juré que je tuerais le premier
« gradé que je verrais en sortant de prison. »

« Et montrant le brigadier tombé, il dit avec un sourire vindicatif : « Celui-là est « venu m'ouvrir, je l'ai tué. »

« Je vous peindrais mal ma douleur ; j'ai failli en devenir fou. Me voyez-vous, après avoir vainement secouru le brigadier, courir au colonel pour lui apprendre cette tragédie?
« Comment? me dit le colonel, je vous
« l'avais recommandé.—Mais, mon colonel,
« je croyais qu'il était bien pour ce pauvre
« garçon de commencer son service en ou-
« vrant à un camarade la porte de la prison.
« — Vous avez fait votre devoir ; mais vous
« me brisez le cœur. »

« Le colonel prit une plume et écrivit une dépêche pour la famille, le père et la mère, les deux sœurs, qui étaient à l'autre bout de la France ; pendant quatre jours, ç'a été dans tout le régiment la désolation de la désolation. Je n'ai jamais vu une famille si douloureusement éplorée. Tout le monde me regardait et semblait me dire : « C'est vous « qui l'avez tué. » Mais ma douleur était si

profonde, qu'on me pardonna d'avoir eu la
main si malheureuse dans cette vendetta. »

De grosses larmes avaient rempli les yeux
du marquis.

« Mais on ne pardonna pas à l'assassin ? lui demanda Guy.

— Oh ! sa condamnation à mort ne fit
pas un pli.

« Eh bien, le croiriez-vous ? Ce coquin-là
eut devant ses juges une si belle prestance,
il se montra si fier devant le peloton d'exécution, qu'il a laissé des regrets devant ses
camarades. Il n'y a que les lâches qui ne
laissent point de regrets. Ce Corse avait
commis un lâche assassinat, mais il savait
qu'il y allait de sa vie, il obéissait au caractère des siens, à cette soif de vengeance qui
brûle le sang de tous ceux qui courent les
montagnes de son pays.

« Quand on le dégrada, il eut des pleurs ;
mais tout à coup, relevant la tête, il prit une
expression de fierté telle, qu'il lui semblait
que ce fût lui qui dégradât les autres. Pas

un mot qui exprimât le repentir ni la crainte de la mort. »

Le marquis ne parlait plus qu'on l'écoutait encore.

« Cette histoire eut une suite, dit-il après un silence.

« Huit jours après l'enterrement du brigadier, je le voyais encore expirant dans mes bras, appelant sa mère et ses sœurs, ne sachant pas pourquoi il mourait. Il m'était impossible de fermer les yeux la nuit ; je dormais à peine deux heures dans la journée. Pour échapper à cette horrible insomnie, je passai plus d'une nuit à jouer aux cartes dans l'arrière-salle de la brasserie du régiment. Mais il me fallait pour cela des partenaires. Un jour, j'avise un maréchal des logis qui ne se couchait jamais ; j'essaye de le débaucher.

« Allons, fichtre ! fais ça pour moi.

« — Ma foi, mon cher, répond-il, je ne
« refuse pas pour cette nuit, car j'ai un duel
« demain, et j'aime mieux ne pas dormir

« du tout que mal dormir. » Et il ajouta :
« Ce n'est pas la peur qui m'empêcherait de
« dormir ; mais, tu sais, on a beau être brave
« devant la mort, on se dit toujours : Si je
« ne revenais pas, les miens ne pourraient
« se consoler en apprenant que je suis mort
« pour une bêtise, pour moins qu'une bêtise,
« pour une drôlesse. Veux-tu être mon
« témoin ?

« — De tout mon cœur ; mais viens à la
« brasserie. »

« Nous allâmes à la brasserie, où nous trouvâmes les camarades, y compris la drôlesse. Comme il n'y avait pas de quoi se couper la gorge, j'arrangeai l'affaire, ou plutôt je forçai la drôlesse de l'arranger elle-même. La nuit fut gaie. Pour la première fois depuis huit jours, je respirais allégrement. Non pas, fichtre ! que j'oubliasse mon pauvre brigadier, mais enfin cette image s'était quelque peu effacée de ma mémoire.

« Je dois dire, entre parenthèses, pourquoi on avait voulu se battre.

« L'adversaire était éperdument amoureux de cette fille de brasserie, qui allait de l'un à l'autre sans qu'il s'en doutât ; mais il avait surpris une lettre écrite à mon ami, une lettre où elle jetait pour lui toutes voiles dehors. Furieux de jalousie, il avait donné l'ordre à tous les deux de ne se point rencontrer sous peine de mort. Ah! fichtre, il n'y allait pas par quatre chemins! Mon ami s'était contenté de rire, la demoiselle aussi : de là une provocation en règle par des témoins tout aussi acharnés que lui après trois verres d'absinthe carabinée. Cet imbécile était affolé dans sa rage de vengeance ; par-dessus le marché, il n'était rien moins que brave. Il voulait bien tuer mon ami, mais il avait peur d'un coup de sabre. Or il arriva ceci : la fille de brasserie devait le voir à minuit. Voilà pourquoi elle avait juré aux témoins d'arranger l'affaire. A minuit, il ne fut pas au rendez-vous. Que pouvait-il bien faire ? Il avait médité un dessein ténébreux, qu'il exécuta avec une furie aveugle, comme vous allez voir.

« Au point du jour, grâce à nos malices de chambrée, nous rentrons pour nous jeter tout habillés dans nos lits, ne fût-ce que pendant une heure. Nous n'étions pas de la même chambrée ; mais comme je sommeillais déjà, mon partenaire vint me dire en me prenant le bras :

« Venez avec moi ; vous allez voir quelque chose de drôle.

« — Quoi donc ?

« — Venez toujours. »

« Il me conduisit devant son lit.

« — O mon Dieu ! » m'écriai-je.

« Le lit était percé de vingt coups de baïonnette. L'amant de la demoiselle était venu dans l'ombre, croyant assouvir sa vengeance avec la colère rouge d'un sauvage, sans attendre l'heure du duel. Je n'en revenais pas, ni mon ami non plus, ou plutôt, il en était revenu d'une belle, fichtre !

— Mais, mon cher marquis, cette fois-là vous avez eu la main heureuse, en détournant votre ami d'une mort certaine.

— Oui, mais ce fut pourtant pour cette affaire-là que je ne suis pas devenu un héros, puisque j'ai quitté le régiment huit jours après.

— Pourquoi huit jours après?

— Parce que j'ai été condamné à huit jours de prison pour avoir entraîné mon ami à la brasserie après l'heure.

— Mais si vous ne l'eussiez pas entraîné, c'en était fait de lui !

— Oui, fichtre ! Mais on punit en moi l'homme qui avait violé son devoir.

— Mais votre ami fit-il huit jours de prison?

— Non, parce que je l'ai défendu de toutes mes forces, puisque je l'avais entraîné malgré lui. Un des plus beaux livres de ce temps-ci est d'Alfred de Vigny; il a pour titre : *Servitude et grandeur militaires*. Voyez-vous, quand on ne peut pas arriver à la grandeur, il faut échapper à la servitude. Voilà ma manière de penser. »

Guy de Marjolé, qui avait écouté attentivement ce récit, saisit vivement la main de M. de Virmont en lui disant :

« Alfred de Vigny n'a pas mieux conté l'histoire du *Cachet vert*. Non seulement vous êtes un brave, mais vous avez l'éloquence entraînante des camps. »

Le marquis, qui était à moitié gris, trouva que Marjolé lui-même parlait fort bien.

Il finit par décider que sa fille ne pouvait mieux faire que d'épouser Marjolé.

Quoique déjà entraîné, il voulut faire comprendre à la princesse qu'il était bien difficile que sa femme et sa belle-mère entendissent raison après un duel qui avait fait tant de bruit en dépit des efforts de M. de Briancour pour le tenir secret. Mais la princesse lui mit sa jolie main sur la bouche, en lui disant : « Je ne veux pas être battue, même par un soldat comme vous. »

VIII

La princesse fit deux visites à Mme de Virmont et lui offrit de l'accompagner chez sa mère à Malval, pour prédire à Mme Heurtemont que ce mariage serait le salut de sa petite-fille.

« Voyez-vous, dit-elle à Blanche, il y a des choses contre lesquelles on ne peut rien, à moins qu'on n'y sacrifie son existence. Éliane vivra si elle épouse M. de Marjolé, peut-être mourront-ils tous les deux si vous vous jetez à la traverse. »

La marquise, après avoir beaucoup pleuré, avait fini par dire à la princesse :

« Que votre volonté soit faite, mais je m'en lave les mains. »

Et après avoir embrassé la princesse :

« Je vais écrire à ma mère, pour lui dire

que vous irez à Malval le jour du mariage, car je ne veux pas du tapage de Paris.

— Je ferai mieux que cela, dit la princesse ; je suis attendue à Cannes par mon architecte, j'irai ces jours-ci, je m'arrêterai à Dijon pour faire une visite à Mme Heurtemont. Je ne suis pas fâchée de voir le château de Malval, ce qui ne m'empêchera pas d'y retourner le jour du mariage. »

Quand la princesse fut partie, Mme de Virmont se jeta à son prie-Dieu, non pas pour prier Dieu, mais pour prier la morte de lui pardonner.

Le mariage fut donc résolu, ce qui fut une sérieuse joie pour Guy et pour Éliane ; il leur sembla ce jour-là à chacun qu'ils avaient deux âmes.

Le bonheur ne dure qu'une heure. Ce jour-là on apprit que Mme Heurtemont était tombée en paralysie.

Ce ne fut pas la mort dans le tombeau, ce fut peut-être pis : la mort dans un lit de douleur.

Elle n'avait plus que la moitié de sa raison quand elle apprit le mariage de sa petite-fille.

Elle s'inquiéta à peine du fiancé. On ne lui dit pas que c'était l'adversaire de M. de Briancour dans le duel de Malval.

Son premier mot fut celui d'une vraie grand'mère :

« Je vais mourir à propos, puisque je laisserai de quoi faire une dot à Éliane. »

Quand on publia les bans à Paris et à Malval, on s'étonna bien un peu, mais ce fut pour les calomniateurs un démenti, car nul ne supposa que Guy de Marjolé ayant été l'amant de Mme de Briancour pouvait devenir le mari de Mlle de Virmont.

La cérémonie devait se passer en famille, mais l'église fut toute en fête, le marquis de Virmont ayant voulu de la musique et des fleurs. Ce fut un évêque sans évêché qui donna la bénédiction.

Éliane voulut être belle pour Dieu et pour son mari, sans s'inquiéter des curiosités de l'élégante compagnie venue au château..

On avait toujours vanté le grand art de s'habiller que pratiquait sa tante Hélène : toilettes de ville, toilettes de bal, signées Julien, ce premier artiste de la robe, qui a dépassé Worth par le style. Éliane voulut que sa robe de mariée fût faite par lui. Elle croyait ainsi ressembler plus encore à sa tante.

Quand Éliane se vit en robe de mariée, elle ne put maîtriser ses battements de cœur. N'ai-je pas dit qu'elle ressemblait à sa tante Hélène par la figure et par la grâce ? Or, c'était déjà une fillette de dix ans quand elle vit marcher à l'autel la comtesse de Briancour. Au premier regard, elle crut voir sa tante tant aimée. « O ma tante, dit-elle en levant les yeux, portez-moi bonheur ! »

Ah! si Hélène avait pu répondre à Éliane!

IX

Quoique le mariage soit, comme disent les bonnes gens, le plus beau jour de la vie; quoique Éliane, heureuse d'être belle sous les fleurs d'oranger, en robe de faille à palmes, avec son voile enveloppant chastement son buste d'un adorable dessin; quoique ce matin-là ne fût pas un mensonge; quoiqu'elle ressentît la joie d'être aimée et la joie plus grande d'aimer; quoiqu'elle marchât dans la nef de l'église avec toutes les illusions et tous les rayonnements d'une âme de vingt ans qui croit que la vie est faite pour le bonheur, elle sentait la tristesse en elle et autour d'elle, mais elle se disait : « C'est toujours ainsi quand on est bien contente, on a envie de pleurer. »

Et des larmes mouillaient ses beaux yeux.

Mme de Virmont cachait sa mélancolie

sous un sourire qu'elle réveillait à chaque
instant. Seul, M. de Virmont ne subissait
pas le contre-coup des douleurs passées, il
portait haut la tête en conduisant sa fille à
l'autel. Il avait pardonné à Guy son aventure
« un peu risquée » avec Hélène. Il se disait encore une fois qu'il en avait vu bien d'autres
dans sa jeunesse, vers la fin du second Empire. M. de Marjolé lui paraissait le plus galant homme du monde. Son amitié pour sa
belle-sœur avait été sérieuse, mais il l'accusait en lui-même d'avoir trop tenté le loup.
Il allait donc sans regret, de tout son cœur,
à la messe de mariage de sa fille. Il s'était
montré plus doux que jamais envers sa
femme. Il ne doutait pas que tout ne finît
par le contentement de tous.

Éliane ouvrit par distraction un tout petit
paroissien; mais, comme ses yeux tombèrent
sur la messe du mariage, elle lut çà et là les
paroles de saint Paul et de saint Mathieu,
comme on lit des paroles d'Évangile, toute
au recueillement et à la méditation, oubliant

un instant que c'était elle qui allait recevoir la bénédiction nuptiale :

« L'homme abandonnera son père et sa mère pour s'attacher à sa femme, et de deux qu'ils étaient ils deviendront une même chair.

« Que chacun de vous aime sa femme comme lui-même. Celui qui aime sa femme s'aime soi-même. Car nul ne hait sa propre chair. Il doit nourrir sa femme comme Jésus-Christ nourrit l'Église.

« Le mari est le chef de la femme comme Jésus-Christ est le chef de l'Église, qui est son corps.

« La femme doit être soumise à son mari comme l'Église est soumise à Jésus-Christ.

« Aimez votre femme jusqu'à en mourir comme Jésus-Christ aimait son Église.

« Les pharisiens demandèrent à Jésus s'il était permis à un homme de quitter sa femme. Il leur répondit :

« Celui qui créa l'homme dès le commencement le créa mâle et femelle. Voilà pourquoi l'homme et la femme seront deux dans une seule chair.

« Faites que le joug de la femme soit un joug d'amour et de douceur. Faites que, chaste et fidèle, elle se marie en Jésus-Christ, qu'elle se rende aimable à son mari comme Rachel, qu'elle soit sage comme Rébecca, qu'elle soit fidèle comme Sarah.

« Faites qu'elle ne souille le lit nuptial par aucun commerce illégitime; faites qu'elle obtienne du Seigneur une heureuse fécondité et qu'elle voie les enfants de ses enfants jusqu'à la quatrième génération. »

En lisant ces dernières paroles, Éliane pensa à sa tante Hélène, qui lui disait souvent : « Mon bonheur c'est de te voir, mais mon malheur c'est de n'avoir pas une fille comme toi. »

Éliane lut encore ces versets :

« Votre femme sera dans votre maison comme une vigne fertile. Vos enfants seront autour de votre table comme de jeunes plants d'olivier. »

«Oui, reprit Éliane, ç'a été le malheur de ma tante de ne pas avoir d'enfants autour de sa table. »

Comme elle se disait ceci, M. de Marjolé, qui la regardait, vit briller deux larmes.

« Dieu soit loué, murmura-t-il, ces deux larmes tombées au pied de l'autel sont les deux lumières de notre bonheur. »

X

A la messe, Éliane n'avait peut-être pas beaucoup prié, sinon par les battements de son cœur. Elle regardait l'autel sans voir Dieu ; mais elle voyait son mari, qu'elle ne regardait pas. Quand Guy voulut lui passer au doigt l'anneau nuptial, elle se trompa de main. Dans la sacristie, quand on lui présenta la plume pour signer, elle avait oublié son nom ; aussi se sentait-elle bien plus dans le rêve que dans la réalité.

A la sortie de l'église, elle se retrouva pour monter dans le coupé de Guy. Seule avec lui pour cinq minutes, mais bientôt seule avec lui pour toujours. Aussi trouva-t-elle tout naturel qu'il l'embrassât sur les cheveux, au risque de déranger l'édifice de sa coiffure. Et comme il était heureux, lui, de trouver sous ses lèvres des fleurs d'oranger ! C'était comme une purification de toutes ses folies de jeunesse ; mais il avait beau se croire au château de Malval, il avait beau chasser loin de lui les dernières images de ses amoureuses d'occasion, la blanche figure de la morte se représentait devant lui.

Il ne fallait que deux minutes pour arriver à la façade du château. Éliane appuya bien doucement sa main sur les bras de Guy pour monter le perron. M. de Marjolé conduisit l'épousée dans le grand salon des fêtes, où toute la compagnie repassa devant elle.

Dès qu'elle fut libre pour un instant, elle suivit sa mère dans sa chambre pour qu'elle lui détachât son voile, mais surtout pour la bien embrasser : aussi se jeta-t-elle dans ses bras avec une effusion touchante.

« Oh ! maman, pardonne-moi d'être heureuse quand je vais te quitter. »

Et, se tournant pour cacher ses larmes,

elle aperçut une lettre sur une corbeille de roses blanches.

« Oh ! maman, voilà déjà une lettre à *Madame Guy de Marjolé*.

— Qu'est-ce donc que cette lettre ? demanda Mme de Virmont.

— Tu vois, elle est couchée sur des roses blanches.

— Qui l'a apportée là ?

— Je n'ose y toucher, » dit Éliane.

Mais, en disant cela, la mariée retourna la lettre.

« Vois, maman, les belles armoiries. Tu me permets de la lire ? Je suis tout émue, car c'est la première fois que je lis une lettre avant toi.

— Lisez, madame la comtesse.

— Non, je veux que tu lises encore celle-là avant moi.

— Non, puisque cette lettre est pour toi.

— Pourquoi ce cachet noir ?

— Allons, dépêche-toi.

— Je ne suis pas bien curieuse ; c'est sans

doute une de mes amies qui m'envoie des fleurs. »

Éliane avait brisé le cachet.

Mme de Virmont ne s'inquiétait nullement de cette lettre ; elle avait pris un peigne pour rajuster la chevelure de sa fille.

Tout à coup Éliane jeta un cri terrible et tomba à la renverse, comme si la foudre l'eût frappée au cœur.

C'est que cette lettre la frappait comme un coup de poignard.

« Mon Dieu! » dit Mme de Virmont, tombant agenouillée pour relever sa fille.

Éliane avait les yeux ouverts, mais elle ne voyait pas sa mère.

« Mon enfant, réponds-moi. »

La marquise souleva sa fille et la traîna vers un canapé.

A moitié folle, elle se releva pour sonner.

« Non, non, non, dit Éliane qui revenait à elle; que nul ne sache pourquoi j'ai crié. »

La mère voulut arracher la lettre des mains de sa fille, mais Éliane lui dit :

« Tu ne la liras pas.

— Je te dis que je veux la lire ! »

La marquise appuya Éliane sur son cœur, avec toutes les tendresses qu'elle lui prodiguait quand elle était petite.

« Mon Éliane adorée, reviens à toi.

— Non, je veux mourir! Lis plutôt. »

Et elle présenta à sa mère, d'une main fébrile, la lettre maudite qui était la mort de son cœur.

Mme de Virmont lut les premiers mots :

« A l'heure où vous recevrez cette lettre,
« vous serez madame Guy de Marjolé, c'est-
« à-dire la femme d'un homme qui... »

A cet instant on frappa à la porte.

« Qui est là? demanda Mme de Virmont.

— Suis-je indiscret ? répondit Guy.

— Oui, cria vivement la marquise.

— Oh! qu'il n'entre pas, » murmura la pauvre Éliane, revenue tout à fait à elle.

Guy était demeuré à la porte.

« Vous savez, dit-il, que tout le monde vous cherche des yeux ! »

— Faites prendre patience. »

En homme bien élevé, Guy n'insista pas en disant qu'il ne fallait jamais violer la porte close! Il retourna dans le salon, où, selon son habitude, le marquis contait des à-propos. Rien ne donne faim comme d'aller à la messe; aussi tout le monde avait les dents aiguës. On s'étonnait qu'il fallût tant de temps à la mariée pour retirer son voile.

« Oh! dit M. de Virmont, les mariées sont lentes à tout faire.

— Surtout quand il s'agit de retirer son voile, dit malicieusement un gentilhomme campagnard de ses amis.

— Oui, oui, dit une dame, il y en a plus d'une qui s'enferme pour retirer son voile et qui ne rouvre sa porte que le lendemain.

— Aussi, reprit le gentilhomme campagnard, M. de Marjolé a-t-il pris le bon parti d'enlever sa femme aussitôt le déjeuner pour un voyage en Italie.

— Il fera d'autant mieux, dit tout bas un malin de Dijon à une dame qui aimait les

confidences, il fera d'autant mieux que le
petit baron de Saint-Cyr pourrait jeter des
bâtons dans les roues de son carrosse, s'il ne
prenait la clef des champs.

— Pourquoi donc? demanda la dame.

— Vous ne savez donc pas l'histoire?

— Quelle histoire?

—Le petit baron que vous connaissez aurait pu vous la dire, puisque vous ne l'avez pas devinée; tout le monde sait qu'il était éperdument amoureux de Mlle Éliane. Il lui gâtait son séjour au château, car il prenait tous les prétextes pour se jeter sur son chemin : visites à sa grand'mère, chasses au fusil avec le père. Il n'est pas jusqu'à l'église, où il n'allât se jucher tout à coup près du banc de la famille. On le prenait pour un comique, mais on finissait par ne plus rire, car il affichait des airs tragiques. Quand on est Mlle de Virmont, on n'épouse pas un petit baron sans terre et surtout sans figure; mais il parlait si haut du colombier de ses pères, et il se tordait la moustache avec de si beaux airs de matamore, qu'il avait fini par se croire irrésistible. Un jour il osa, tout en chassant le lièvre et le perdreau, parler au marquis de ses espérances.

« Ne me parlez pas de ça, lui répondit le marquis; vous n'avez qu'un titre auprès de ma fille, c'est d'être un voisin de campagne. Or elle voudrait que vous fussiez au diable, tant vous faites du bruit à la messe; d'ailleurs, vous êtes tout petit, et Éliane aime tout ce qui est grand. — Comment je suis tout petit? a répliqué le baron. A pied, je suis d'estoc et de taille; à cheval, je suis comme le grand Napoléon. »

— Mais comment n'est-il pas à la noce?

— Primo, parce qu'on ne l'a pas invité; secundo, parce qu'il ne serait pas venu voir le bonheur d'un autre. On dit pourtant qu'il a envoyé un bouquet à la mariée, dernière carte de visite. Pour la punir, il va quitter le pays. Je lui ai connu dans le mystère une petite modiste de Dijon; pour se consoler, il ira vivre avec elle. »

XI

Dès que Guy se fut éloigné de la porte de la chambre à coucher, Mme de Virmont continua à lire la lettre. Éliane voulut la relire, mais la mère détourna la coupe empoisonnée.

« A l'heure où vous recevrez cette lettre,
« vous serez madame Guy de Marjolé, c'est-
« à-dire la femme d'un homme qui a été
« l'amant et l'assassin de votre tante Hélène.
« Je sais bien qu'il n'a pas été longtemps son
« amant : entre onze heures et minuit. Votre
« tante que vous aimiez tant a été violée par
« cet homme ; elle en a eu tant de honte et
« d'indignation, qu'elle s'est empoisonnée la
« nuit suivante, ne voulant pas survivre à un
« tel forfait. Le mari est mort de la mort de
« sa femme ; votre mère pleure encore et ne
« se consolera pas. C'est une nouvelle for-

« faiture de M. de Marjolé d'oser prendre
« votre main et votre dot. Vous n'avez pas
« voulu d'un galant homme pour mari; soyez
« bien heureuse, vous voilà la femme du
« dernier des hommes. Vous ne croirez peut-
« être pas que je dis la vérité. Allez cette
« nuit au cimetière et évoquez l'ombre de
« votre tante Hélène; elle sortira de son
« tombeau pour vous maudire, car elle vous
« regardait comme sa fille. Ne vous a-t-elle
« pas donné tout ce qu'elle avait? Par mal-
« heur, elle n'a pu vous donner la fierté du
« cœur. »

A son tour Mme de Virmont s'évanouit,
mais l'amour de sa fille lui rouvrit tout de
suite les yeux.

« Éliane! Éliane! tu ne partiras pas pour
l'Italie.

— Non, maman, je ne partirai pas pour
l'Italie... et je ne reverrai jamais M. de Marjolé... »

Un silence.

« Écoute, ma chère enfant : pourquoi

croirais-tu à une lettre anonyme? tout ceci n'est qu'un roman.

— Ne me trompe pas, maman, je sens que c'est la vérité qui parle; je pénètre toute l'histoire de ma tante, mais je ne savais pas que son bourreau fût M. de Marjolé. Va, mon amour s'est changé en haine, je sens que ma vie est brisée, et jamais, non jamais, je ne reverrai M. de Marjolé.

— Tout s'oublie et tout se pardonne; d'ailleurs, je te répète que cette lettre anonyme est écrite par un fou; regarde bien, connais-tu cette écriture-là?

— Non, c'est une écriture de femme.

— Eh bien, c'est une femme jalouse qui a voulu te frapper d'un coup de poignard à l'heure même où tout te souriait.

— Oui, c'est une écriture de femme, mais je sais qui a dicté cette lettre. C'est M. de Saint-Cyr.

— Pourquoi veux-tu que M. de Saint-Cyr ait dicté cette lettre?

— Parce que nous nous sommes moquées

de lui, parce que déjà, un jour que j'étais seule au salon avec lui, il a mal parlé de M. Guy de Marjolé. Il a tenté de me faire comprendre, par quelques mots vagues, ce qu'il me dit brutalement aujourd'hui. »

La marquise était plus désespérée que sa fille : qu'allait-on dire si Éliane refusait de paraître? Elle aurait beau pardonner à son mari, elle ne pourrait l'aimer, ce mariage serait un enfer.

Ainsi pensait la marquise, tandis qu'Éliane avait entrevu la suprême consolation : se jeter au pied de la croix et achever de mourir au couvent; n'était-elle pas frappée mortellement?

Il semble que Dieu ne soit doux qu'à ceux qu'il fait souffrir.

Mme de Virmont ne voyait pas ce dénouement. Elle supplia sa fille de reprendre son courage et de paraître au déjeuner.

« Après le déjeuner, tu diras que tu es souffrante, que tu ne veux pas me quitter. M. de Marjolé restera quelques jours au château, mais il sera forcé, je crois, d'être bientôt à Rome comme ambassadeur. Nous ne nous quitterons pas, le bruit de ce fatal mariage s'oubliera peu à peu ; si tu ne veux pas voir ton mari, tu ne le reverras pas.

— Je ne le reverrai aujourd'hui, ni demain, ni jamais ! »

Sur ce mot, M. de Marjolé frappa encore à la porte.

« Tout à l'heure, dit-il, on était impatient ; maintenant, on est inquiet.

— Suppliez nos amis de se mettre à table, dit Mme de Virmont. Éliane a eu des évanouissements, mais je la conduirai tout à l'heure dans la salle à manger.

— Non, dit Éliane à voix haute, pour être bien entendue de Guy.

— Éliane, dit Guy, faites-moi la grâce d'ouvrir la porte.

— Non ! » dit-elle encore.

Le marié alla prier le marquis de faire annoncer le déjeuner, en disant tout haut que la mariée et sa mère viendraient bientôt.

On se mit à table, tout en remarquant la pâleur de Guy.

Il adorait Éliane, mais le bonheur s'effraye de tout.

Guy ne s'expliquait pas pourquoi son cœur battait, mais il sentit qu'il ne déjeunerait pas.

Dix minutes se passèrent. Le marquis continuait à jeter la gaieté sur la table, répondant par-ci, interpellant par-là, toujours admirable amphitryon. Guy s'esquiva pour aller une troisième fois vers Éliane. La jeune mariée était anéantie, sans paroles et sans regards ; après la crise effrayante qu'elle venait de subir, sa mère, voulant tout pacifier dans son horreur du bruit public, alla à pas de loup ouvrir la porte à Guy.

« Chut ! lui dit-elle, venez doucement, une lettre anonyme l'a tuée à moitié ; une lettre qui lui a tout révélé. »

Guy tomba agenouillé devant le canapé où sommeillait Éliane, qui n'avait même plus le sentiment de son malheur ; mais, dès qu'il fut devant elle, elle se jeta en arrière en fermant les yeux. Elle avait juré qu'elle ne le reverrait pas, elle ne voulut pas le revoir.

« Maman ! maman ! défends-moi de cet homme ! »

Mme de Virmont indiqua du doigt une lettre à M. de Marjolé. Il comprit que ce qui était un mystère pour tout le monde n'en était plus un pour Éliane.

« Éliane, on vous trompe, j'en prends votre mère à témoin.

— De grâce, dit Éliane, qu'on ne me fasse pas mourir sur l'heure, qu'on me laisse le temps d'aller prier pour ma tante, pour ma mère et pour moi. »

Guy ne douta pas qu'on l'eût trahi en révélant à Éliane l'histoire de cette nuit, à tous si fatale.

Tout à coup, d'un bond Éliane se trouva debout.

« Monsieur, dit-elle à son mari, je ne sais quel aveuglement m'a traînée à l'autel, car je sens que je vous hais : vous avez tué ma tante, monsieur..., ma tante..., une autre mère pour moi, ma tante qui m'a donné cinq cent mille francs de dot que je vous apportais. »

Guy voulut saisir les mains d'Éliane.

« Non, monsieur, ne me touchez pas.

— Éliane, Dieu m'est témoin que ces cinq cent mille francs n'étaient pour rien dans notre mariage. Je n'en veux pas. Votre père les gardera. Grâce à Dieu, nous pourrons nous en passer. »

Éliane éclatait en sanglots et implorait sa tante, en regardant un portrait au pastel qui représentait Mme de Briancour en ses beaux jours.

« Oh ! ma tante, je te jure, devant ce portrait, que je ne serai jamais la femme de cet homme. »

Guy, en proie à toutes les douleurs, se traînait à genoux vers Éliane, qui lui cria :

« Vous n'oserez pas le regarder, ce portrait, car il me semble que ma tante descendrait de son cadre pour vous maudire. »

Mme de Virmont prit Éliane dans ses bras.

« Mon enfant, par pitié pour moi... »

Et elle tournait sa fille vers Guy.

« Maman, est-ce que tu voudrais que je fusse à cet homme ? Non, l'abîme de la mort nous sépare. Ma tante est en moi, ma tante est entre lui et moi. »

La scène dura longtemps, trop longtemps. Éliane, si douce toujours, mais exaltée jusqu'au paroxysme, était devenue tout à coup éloquente. On n'imagine pas tout ce que l'indignation lui inspira : elle parlait si bien, que M. de Marjolé ne trouvait rien à dire. Il portait sa faute comme un calvaire. Et il ne pouvait se relever. La marquise avait perdu la tête, ne sachant quel parti prendre.

Elle aurait voulu se jeter dans un abîme en entraînant sa fille.

M. de Virmont vint à son tour savoir ce qui se passait. Il entra sans frapper. Il ne comprit pas d'abord, en voyant Guy agenouillé et sanglotant, Éliane toute en pleurs et la marquise le regardant avec des yeux égarés.

« Que veut dire ceci ? »

Éliane courut se jeter dans les bras de son père.

« Oh ! mon père, mon père, je sais bien que tu as voulu mon bonheur ; mais juge de mon désespoir, puisque je comprends pourquoi ma mère ne voulait pas de ce mariage. »

Guy s'était relevé.

« Mademoiselle, votre douleur n'est rien, si je la compare à la mienne, car je suis frappé par la calomnie, et nul ne pourra me défendre, pas même moi. »

Le marquis était de ceux qui croient que tout s'arrange, quand on n'a tué ni son père ni sa mère. Il avait traversé bien des drames ; il croyait que celui-ci pouvait se dénouer comme tant d'autres ; mais il ne connaissait pas encore sa fille. Il eut beau vouloir l'apaiser dans ses légitimes colères, aucune parole n'avait prise sur ce cœur en révolte.

Mme de Virmont demeurait silencieuse, dévorant ses larmes et ne pouvant reprendre sa raison. Il aurait fallu qu'elle éclatât dans sa douleur pour pouvoir respirer ; aussi les crises qui avaient brisé Éliane la torturant à son tour, elle tomba évanouie.

Pendant qu'Éliane secourait sa mère, le marquis et Mme de Marjolé lurent du même regard la lettre anonyme.

« Cette lettre, dit le marquis, je la laverai dans le sang de celui qui l'a écrite. »

Et, regardant tristement sa femme et sa fille :

« Voyons, mon cher Guy, pour plaider votre cause, qui est mauvaise, laissons-les bien pleurer, les pauvres femmes. Allons retrouver nos convives, car il est temps de leur prouver que la mariée ne paraîtra pas au déjeuner ; faisons bonne figure, nous dirons que la mère et la fille, sur le point de se quitter, ont eu, l'une comme l'autre, des spasmes qui les étouffent.

— Je me confie à vous, dit M. de Marjolé ;

pour moi, je n'aurais pas la force de dire un mot. »

Le marquis, quoique atteint lui-même en plein cœur, prit une figure d'insouciance et dit presque gaiement à son entrée dans la salle à manger :

« Les femmes sont trop nerveuses : la mienne est cause de tout ceci. Elle s'est mise à pleurer sur le départ de ma fille ; Éliane a pleuré sur cette séparation pourtant bien naturelle, si bien qu'à force de larmes, elles sont défigurées et ne veulent plus paraître devant vous. Il faudrait tous les jours renouveler les nerfs des femmes. »

Cette petite harangue parut si vraie, qu'un des convives porta tout de suite un toast à la mariée, puis un toast à M. de Virmont. Un peu plus, tout le monde se grisait au dessert. Les dames comprirent que, par discrétion, elles devaient demander leur voiture.

Quand Guy vit tout le monde disparaître par l'avenue du château, il respira, car il ne doutait pas que Mme de Virmont et sa fille ne fussent revenues à quelque pitié pour lui : la mère par charité chrétienne, puisqu'elle était toute à Dieu, la fille par son amour un instant étouffé, mais trop vivace pour ne pas la reprendre.

Il se trompait. Pour être reçu par Éliane, il lui écrivit un petit mot bien touchant ; mais Éliane ne répondit pas : elle avait rejeté le billet en reconnaissant l'écriture de Guy.

Les chevaux qui devaient les conduire à la gare piaffaient au perron. Le marquis, un peu grisé par ses vins généreux, admirait leur impatience et leur parlait de leurs prouesses. Il doutait si peu du voyage des jeunes mariés qu'il disait à ces nobles bêtes : « N'allez pas verser en prenant le mors aux dents : vous conduisez César et sa fortune. »

Ne voyant descendre ni Guy ni Éliane, il fut pris par l'impatience des chevaux : il remonta le perron et appela la marquise, car ses jambes flageolaient et il ne voulait pas monter plus haut.

La marquise vint à lui.

« Rien, lui dit-elle, pas plus lui que moi, rien ne pourra décider Éliane à partir avec M. de Marjolé. Elle est venue se réfugier dans ma chambre, elle a saisi le christ d'ivoire et lui a juré de n'être plus qu'à Dieu. Pour moi, je mourrai de toutes ces secousses terribles qui m'ont anéantie. Je ne te fais pas de reproches, à toi, qui es bon ; tu as cru bien faire, tu as mal fait. Je n'ose avertir ma mère qui est déjà si malade, je vois venir le deuil tout autour de nous. »

Ces paroles dégrisèrent quelque peu le marquis.

« Ne jetons pas le manche après la cognée, je vais parler à Éliane. Où est Guy ?

— Je ne sais, il est dans sa chambre, à moitié fou, qui écrit des lettres, à ce qu'on vient de me dire. »

Le marquis monta à la chambre de sa femme.

Il fut effrayé de voir Éliane dans sa pâleur, mais il eut beau faire, il ne recueillit que ces mots à travers les sanglots :

« Embrasse-moi bien aujourd'hui, car demain j'entrerai au couvent. »

M. de Virmont voulut que Guy vînt encore pour la reconquérir. Guy parut à la porte de la chambre de la marquise, mais Éliane, par un geste désespéré, lui fit comprendre que tout était fini.

Il fit un dernier pas vers elle, alors elle le menaça de se jeter par la fenêtre.

Il connaissait déjà le caractère d'Éliane, il savait que sa douceur angélique masquait une volonté de fer : il pouvait la briser, mais non la vaincre ; il sembla se résigner à son malheur, il pria le marquis de lui permettre d'aller à Dijon, lui promettant de revenir le soir. Les chevaux attelés à la voiture pour conduire les épousés conduisirent Guy tout seul.

« Dieu soit loué, dit Éliane à sa mère, il est parti et il ne reviendra pas. »

XII

Un des amis de Guy, qui voulait retourner à Paris le jour même, l'accompagna à Dijon.

« Voyons, mon cher Marjolé, quel est donc ce mystère ? »

Guy regarda silencieusement son ami, ne voulant pas ouvrir son cœur ; mais des larmes remplirent ses yeux, il ne put garder son secret.

« Écoute, je vais tout te dire ; mais, sur l'âme de ta mère, je te supplie de ne jamais parler de moi. »

Et Guy conta toute cette triste histoire.

« Et maintenant, pourquoi vas-tu à Dijon? demanda à Marjolé son ami, un Parisien qui riait de tout, mais qui était touché au cœur.

— Je vais à Dijon pour acheter des pistolets de combat, parce qu'il y aura peut-être encore un duel dans les bois de Malval. Je veux aussi acheter un revolver, parce que j'en finirai si Éliane, qui m'a tué à moitié, ne revient pas à moi.

— Tu ne feras pas cette bêtise-là! Il n'y a dans la vie de blessures mortelles que pour ceux qui ont du cœur et qui n'ont pas de tête.

— Mon amour est plus fort que ma raison. »

L'ami de Guy le trouva si désespéré, qu'il faillit revenir avec lui à Malval ; mais il ne douta pas que Marjolé ne triomphât de son désespoir.

Guy revint seul.

La nuit était sombre quand les chevaux s'arrêtèrent à la grille du château ; Guy reconnut la femme de chambre, une forme blanche qui se détachait d'une forme noire, — c'était l'heure des amoureux. — Il demanda à cette fille s'il y avait du nouveau.

« Hélas! monsieur, répondit-elle, du nouveau il y en a : Mademoiselle ne veut pas entendre raison, elle est tout à fait folle.

Elle n'a pas quitté son christ d'ivoire, elle jure qu'elle sera demain au couvent. »

Guy descendit de voiture et rebroussa chemin, plus affolé que jamais dans sa douleur; l'amoureux de la femme de chambre qui remontait aussi l'avenue entendit Guy dire ces paroles :

« J'ai bien fait d'aller à Dijon. »

Et alors Guy prit dans son gilet un petit revolver qu'il avait rapporté. Il dit encore ces paroles :

« Voilà mon salut ! »

L'amoureux nocturne le suivit à distance ; au bout de l'avenue, Guy prit le chemin qui conduit au village, du côté de l'église; l'amoureux suivit toujours. M. de Marjolé franchit le petit mur du cimetière. Que se passa-t-il ? Il resta longtemps devant la tombe de Mme de Briancour. Son âme lui parla. Que lui répondit-elle du fond de son tombeau? Après plus d'un quart d'heure de méditation, il tomba agenouillé et pria pendant quelques minutes.

L'amoureux ne vit plus rien tant il fut effrayé par deux coups de revolver.

Il en est qui se frappent à la tête ; M. de Marjolé se frappa au cœur.

La nouvelle se répandit bien vite, les gens du village qui n'étaient pas couchés accoururent tous au cimetière.

Bientôt on vit arriver M. de Virmont précédé d'un domestique armé de deux lanternes. Le maître et le domestique franchirent le mur du cimetière et se firent un chemin à travers la foule bruyante et agitée. Ils reconnurent M. de Marjolé qui était tombé le front contre terre ; sa main gauche était crispée sur une lettre. Le marquis prit cette lettre, la décacheta et la lut à la lueur des lanternes :

« Pardonnez-moi, mon cher marquis, si je
« suis venu mourir dans ce cimetière.
« Éliane m'a condamné, j'emporte son cher
« souvenir ; donnez-moi l'hospitalité ici puis-
« que je n'ai pu la prendre dans votre foyer.
« Que Mme de Virmont me pardonne. Je
« lègue cent mille francs à l'église de cette

« commune pour le coin de terre où je suis
« tombé. »

« Non non, dit le marquis, ce coin de terre ne veut pas de lui ; c'est trop près d'Hélène. »

Guy fut enterré à l'autre bout du cimetière.

On fit le silence sur sa mort, on ne lui a pas encore élevé de tombeau.

. . . .

Au moment où Guy tombait le front sur la terre qui recouvrait le cercueil d'Hélène, la jeune mariée, que sa mère avait couchée, non pas dans le lit nuptial, mais dans le lit de la jeune fille, vit entrer sa tante dans sa chambre.

Hélène s'approcha lentement dans son suaire, se pencha sur Éliane et la baisa au front.

M*me* de Virmont entendit un cri et accourut.

« Oh maman ! ma tante vient de venir, et elle m'a embrassée. Je suis bien heureuse, puisqu'elle me pardonne. Elle sait bien que je ne reverrai pas M. de Marjolé. »

Je pourrais parler des fatalités qui entraînent les fatalités ; mais ici le silence seul est éloquent.

XIII

Mme de Marjolé, ou plutôt Mlle de Virmont, a pris le voile le 4 mars 1887, au couvent des Carmélites de l'avenue de Messine.

Avant de se mettre elle-même au tombeau, elle est retournée au château de sa grand' mère, pour lui dire adieu... et pour dire adieu au cimetière... Elle a prié sur la tombe de sa tante et s'est détournée de la tombe de M. de Marjolé.

Mais, au moment de sortir du Campo-Santo, prise d'une émotion toute chrétienne, elle est allée jeter un sanglot sur la fosse abandonnée de celui qu'elle avait tant aimé et tant haï.

Quoiqu'elle fût déjà détachée de la terre,

elle ne put maîtriser une dernière et rapide effusion toute terrestre, mais l'amour divin l'emporta et lui ferma le passé.

Aujourd'hui sœur Hélène de la Miséricorde ne se reconnaîtrait pas dans l'adorable jeune fille qui fut Éliane de Virmont.

Les femmes ne se consolent d'un amour perdu que par un autre amour : Éliane a voulu l'amour de Dieu.

Sa mère n'est pas encore morte de chagrin. Pourquoi ce long supplice?

Est-ce pour mieux se relever de ses chutes?

Est-ce pour mieux expier ses abandonnements?

FIN

EXTRAIT DU CATALOGUE

DE LA

BIBLIOTHÈQUE-CHARPENTIER

11, RUE DE GRENELLE, 11

Collection d'ouvrages à 3 fr. 50 le volume in-18 jésus.

ROMANS — CONTES — NOUVELLES, etc.

ABOUT (EDMOND)...	Tolla	1
ALEXIS (PAUL)....	La Fin de Lucie Pellegrin..........	1
—	Le Besoin d'aimer.............	1
ALLARD (LÉON)....	Maison de Famille	1
ASTRUC (ZACHARIE).	Romancero de l'Escorial.........	1
ARÈNE (PAUL)....	La Gueuse parfumée............	1
—	Au bon Soleil...............	1
—	Paris ingénu...............	1
—.	La vraie Tentation du grand saint Antoine..	1
ARTIGUES (Mme P. D').	Lettres de Femmes............	1
BEROALDE DE VERVILLE.	Le Moyen de Parvenir..........	1
BANVILLE (TH. DE).	Esquisses parisiennes...........	1
—	Contes pour les Femmes..........	1
—	Contes féeriques.............	1
—	Contes héroïques.............	1
BANVILLE (TH. DE).	La Lanterne magique...........	1
—	Paris vécu................	1
—	Nous tous................	1
—	Lettres chimériques...........	1
—	Contes bourgeois.............	1
—	Dames et Demoiselles..........	1
BERNARDIN DE SAINT-PIERRE.	Paul et Virginie...........	1
BETTENFELD (MICHEL).	L'Art de l'Escrime.........	1
BIART (L.)......	Laborde et Cⁱᵉ..............	1
—	L'Eau dormante.............	1
—	La Terre chaude.............	1
—	La Capitana...............	1
BONNETAIN (PAUL).	L'Opium................	1
BRANTES (ALIX)...	Jean Goyon...............	1
BRANTOME......	Les Femmes galantes...........	1
BURTY (PH.).....	Grave imprudence............	1
BUSNACH & CHABRILLAT.	La Fille de M. Lecoq..........	1
BRILLAT-SAVARIN..	Physiologie du Goût...........	1
CONTEURS FRANÇAIS (Ch. Louandre)		1

		vol.
CONSTANT (BENJAMIN).	Adolphe.	1
CANIVET	Pauvres diables.	1
CÉARD (HENRY).	Une belle Journée.	1
CHESNEAU.	La Chimère.	1
CIM (A.).	Jeunesse.	1
CLADEL.	Bonshommes.	1
—	Les Va-nu-pieds.	1
—	N'a qu'un œil.	1
CLAUDIN (GUSTAVE).	Trois Roses dans la rue Vivienne.	1
—	Les Caprices de Diomède.	1
—	Fosca.	1
COURMES (ALFRED).	Jours d'Amour.	1
DARC (DANIEL).	Revanche posthume	1
—	La Couleuvre.	1
—	La Princesse Méduse.	1
—	Le Péché d'une Vierge.	1
** DAUDET (A.).	Fromont jeune et Risler aîné	1
* —	Jack, suivi de Robert Helmont.	2
* —	Le Petit Chose.	1
* —	Contes du Lundi.	1
* —	Contes choisis.	1
** —	Le Nabab.	1
—	Numa Roumestan.	1
* —	Tartarin de Tarascon, suivi des Lettres de mon Moulin.	1
—	Les Rois en Exil.	1
DAUDET (Mᵐᵉ A.).	Impressions de Nature et d'Art.	1
DAUDET (E.).	Le Roman d'une Jeune Fille.	1
—	Fleur de Péché.	1
DEPRET (LOUIS).	Voyage de la Vie.	1
DESNOIRESTERRES.	Les Étapes d'une Passion.	1
DIDEROT	Jacques le Fataliste.	1
—	La Religieuse.	1
DUBARRY (ARMAND).	L'Allemagne chez elle et chez les autres.	1
DUBUT DE LAFOREST.	Les Dames de Lamète.	1
—	Tête à l'envers.	1
DU CAMP (MAXIME).	Mémoires d'un suicidé.	1
DURANTY	Les Six Barons de Septfontaines.	1
—	Les Malheurs d'Henriette Gérard.	1
DUPUIT (ALBERT).	Pauline Tardiveau	1
ELPHINSTONE HOPE (MM. C.-W.).	L'Étoile des Fées.	1
ERNOUF (BARON).	Souvenirs d'un Officier polonais.	1
ENNE (FRANCIS).	La Vie simple.	1
FERRY (G.).	Scènes de la Vie sauvage au Mexique.	1
FABRE FERDINAND.	Le Roman d'un Peintre	1
—	Julien Savignac.	1
** —	Le Chevrier.	1
—	L'abbé Tigrane.	1
* —	Les Courbezon.	1
—	Le marquis de Pierrerue.	1
—	Mˡˡᵉ de Malavieille.	1
—	Mon oncle Célestin.	1

		vol.
FABRE FERDINAND..	Le Roi Ramire................	1
—	Lucifer......................	1
—	Barnabé.....................	1
—	Monsieur Jean................	1
—	Madame Fuster...............	1
—	Toussaint Galabru............	1
FLAUBERT (G.)....	Madame Bovary...............	1
—	Salammbô....................	1
—	La Tentation de saint Antoine....	1
—	Trois Contes..................	1
—	L'Éducation sentimentale.......	1
—	Par les champs et par les grèves	1
—	Bouvard et Pecuchet...........	1
FRANCE (H.)......	Les Va-nu-pieds de Londres.....	1
—	Les Nuits de Londres..........	1
—	Sous le Burnous..............	1
FRESCfLY (MARCEL)	Le 6ᵉ Margouillats............	1
—	Fleur d'Alfa..................	1
—	Mariage d'Afrique.............	1
FULBER (FLORENT)..	L'Échéance...................	1
GAUTIER (TH.).....	Mademoiselle de Maupin.......	1
—	Le capitaine Fracasse..........	2
—	Le Roman de la Momie........	1
—	Spirite......................	1
—	Romans et Contes.............	1
—	Nouvelles....................	1
—	Fortunio.....................	1
—	La Nature chez elle...........	1
—	Les Jeunes-France.............	1
—	Les Grotesques...............	1
—	Mademoiselle Dafné...........	1
GEFFROY (GUSTAVE).	Notes d'un Journaliste.........	1
GIBRAC (CAMILLE)..	Lorraine!....................	1
GIRAUD (EUGÈNE)..	La Fille de M. Toinet..........	1
GONCOURT (EDMOND DE).	La Fille Élisa............	1
—	Les Frères Zemganno..........	1
—	La Faustin...................	1
—	Chérie......................	1
GONCOURT (E. et J. DE).	En 18**................	1
—	Germinie Lacerteux............	1
—	Madame Gervaisais............	1
—	Renée Mauperin..............	1
—	Manette Salomon.............	2
—	Charles Demailly..............	1
—	Sœur Philomène..............	1
—	Quelques créatures de ce temps.	1
—	Idées et Sensations............	1
GUILLEMOT (GABRIEL).	Le Roman d'une bourgeoise.	1
HARAUCOURT (EDM.).	Amis.....................	1
HENNIQUE (LÉON)..	La Dévouée..................	1
—	L'accident de M. Hubert........	1
HEPP (ALEXANDRE)..	L'amie de Mᵐᵉ Alice...........	1
HERMANT (ABEL)...	Le Cavalier Miserey............	1
HERVILLY (E. D')...	Contes pour les grandes personnes	1
—	Mesdames les Parisiennes......	1
—	Histoires divertissantes........	1
—	D'Hervilly-Caprices............	1
—	Histoires de Mariages..........	1

		vol.
HEULHARD (ARTHUR).	Scènes de la vie fantaisiste	1
HOUSSAYE (ARSÈNE).	Les grandes Dames	1
—	La Femme fusilée	1
—	Madame Lucrèce	1
HUYSMANS	Les sœurs Vatard	1
—	En ménage	1
—	A Rebours	1
LABOULAYE (ED.)	Paris en Amérique	1
—	Le Prince Caniche	1
—	Abdallah	1
—	Contes bleus	1
—	Nouveaux contes bleus	1
—	Souvenirs d'un voyageur	1
LA FONTAINE (J.)	Contes et Nouvelles	1
LAUNAY (A. DE)	La Maison Vidalin	1
—	Père inconnu	1
LESAGE	Histoire de Gil Blas	1
—	Le Diable boiteux	1
LEMONNIER (C.)	Thérèse Monique	1
—	L'hystérique	1
—	Happe Chair	1
—	Madame Lupart	1
* LEMOYNE	Une Idylle normande	1
LEPAGE (AUGUSTE)	L'odyssée d'une comédienne	1
LEROY (ALBERT)	Fabien	1
LÉTORIÈRE (DE)	La marquise de Trévilly	1
LION (AUGUSTIN)	Le Castélon	1
—	Suzanne Aubriès	1
LOUIS XI	Cent nouvelles nouvelles	1
MAIRET (JEANNE)	Marca	1
MAISTRE (X. DE)	Œuvres complètes	1
MAIZEROY (RENÉ)	Le Capitaine Bric-à-Brac	1
MALOT (HECTOR)	Micheline	1
* —	Une bonne affaire	1
—	Le Sang bleu	1
—	Le lieutenant Bonnet	1
—	Le Docteur Claude	1
—	La Bohême tapageuse	2
—	Baccara	1
—	Romain Kalbris	1
—	L'Héritage d'Arthur	1
—	L'Auberge du Monde	2
—	Zyte	1
—	Les Victimes d'Amour	2
MARCHAND (ALFRED).	Les Poètes lyriques de l'Autriche	1
MARC-MONNIER	Contes populaires en Italie	1
—	Le charmeur	1
MARIVAUX	La Vie de Marianne	1
MATTHEY	L'Étang des Sœurs grises	1
—	Zoé Chien-Chien	1
—	Le Mariage du suicidé	1
—	La bonne d'enfants	1
—	Le drame de la Croix-Rouge	1
—	La femme de Judas	1
—	La Brésilienne	1
—	La Revanche de Clodion	1

		vol.
MATTHEY.......	Les Amants de Paris.............	1
—	L'Enragé......................	1
—	Le Point noir..................	1
—	Un gendre.....................	1
—	Marcelle Mauduit...............	1
—	La Belle Fille..................	1
* MAUPASSANT (G. DE).	Contes et Nouvelles.............	1
* MENDÈS (CATULLE). .	Contes choisis..................	1
—	Zo'har........................	1
—	Lesbia........................	1
MONSELET (CH.)....	Petits Mémoires littéraires.......	1
MONTEIL (EDGAR)...	Antoinette Margueron...........	1
—	Henriette Grey.................	1
—	Madame de Féroni..............	1
—	Cornebois.....................	1
—	Rochefiere....................	1
—	Les petites Mariées.............	1
—	Le grand Village...............	1
MOORE (GEORGE)...	La Femme du Cabotin...........	1
—	Terre d'Irlande................	1
MOREL (HENRY)....	Mademoiselle Lacour............	1
MOUTON.........	Contes........................	1
—	Nouvelles.....................	1
*	Zoologie morale................	2
—	Fantaisies humoristiques........	1
MUSSET (A. DE)....	Confession d'un enfant du siècle..	1
** —	Nouvelles......................	1
** —	Contes........................	1
** —	Extraits pour la Jeunesse.......	1
** MUSSET (P. DE)....	Lui et Elle....................	1
—	Nouvel Aladin.................	1
—	Lauzun.......................	1
—	Histoire de trois maniaques.....	1
NADAR..........	Sous l'incendie................	1
NAVARRE (REINE DE).	L'Heptaméron..................	1
NODIER	Souvenirs de jeunesse...........	1
—	Contes de la veillée.............	1
—	Contes fantastiques.............	1
—	Nouvelles.....................	1
—	Romans.......................	1
—	Écrits d'un conteur.............	1
* PETIT (LÉONCE). ..	La conversion de M. Gervais.....	1
PEYREBRUNE (G. DE).	Une séparation.................	1
—	Mademoiselle de Trémor.........	1
PIERRE NINOUS	L'Empoisonneuse...............	1
—	Cœur-de-Neige.................	1
PISSEMSKI	Dans le tourbillon..............	1
PRÉVOST (L'ABBÉ)..	Histoire de Manon Lescaut......	1
** QUATRELLES......	A coups de fusil................	1
** —	La Légende de la Vierge de Munster	1
* RABELAIS (F.).....	Œuvres.......................	1
RESTIF DE LA BRETONNE.	Œuvres.......................	2
ROCHEFORT (HENRI).	L'Évadé.......................	1
—	Le palefrenier..................	1
SAINT-GERMAINT (J.-T. DE).	Contes et Légendes.............	2

		vol.
SANDEAU (J.)......	Madeleine..................	1
—	Mademoiselle de la Seiglière.........	1
** —	Marianna...................	1
** —	Le docteur Herbeau.............	1
—	Fernand. — Vaillance. — Richard.....	1
—	Valereuse...................	1
—	Mme de Sommerville. — La Chasse au roman.	1
—	La Chasse au roman.............	1
** SAINTE-BEUVE.....	Volupté....................	1
SÉBILLOT (PAUL)...	Contes populaires de la Haute-Bretagne...	1
—	Contes des paysans et des pêcheurs.....	1
—	Contes des marins..............	1
—	Contes de terre et de mer..........	1
* —	Légendes de la Mer (2 séries)........	2
* SILVESTRE (ARMAND).	Les Tocasson.................	1
SILVESTRE (THÉOPHILE).	Plaisirs rustiques....	1
SYLVIN (ÉDOUARD)..	Contes bleus et noirs.............	1
STAEL (Mme DE)....	Corinne....................	1
—	Delphine...................	1
SENANCOUR (DE)...	Obermann...................	1
THEURIET (A.).....	Mademoiselle Guignon............	1
—	Le mariage de Gérard. — Une Ondine....	1
—	La fortune d'Angèle..............	1
** —	Raymonde...................	1
—	Le Filleul d'un marquis............	1
—	Sous Bois...................	1
—	Le Fils Maugars................	1
—	Tante Aurélie.................	1
—	Toute seule..................	1
—	Madame Heurteloup..............	1
—	Le Journal de Tristan.............	1
—	Hélène.....................	1
—	L'Affaire Froideville.............	1
TOURGUÉNEFF (I.)...	Pères et Enfants................	1
VALLÈS (JULES)....	Les Réfractaires...............	1
—	Jacques Vingtras. — L'Enfant........	1
—	— Le Bachelier......	1
—	— L'Insurgé.......	1
VAN DE WIELE.....	Maison flamande...............	1
—	Lady Fauvette, suivi de Histoire d'un ménage.	1
VIGNEAU.........	Chateauroy...................	1
VIGNET..........	Léonie Chambard...............	1
—	L'Erreur de Claire...............	1
* VIGNY (ALFRED DE).	Stello.....................	1
* —	Cinq-Mars...................	2
* —	Servitude et Grandeur militaire........	1
VILBORT.........	Chimère d'amour...............	1

		vol.
ZOLA (E.).......	*Les Rougon-Macquart* :	
—	La Fortune des Rougon............	1
—	La Curée.....................	1
—	Le Ventre de Paris..............	1
—	La Conquête de Plassans	1
—	La Faute de l'abbé Mouret	1
—	Son Excellence Eugène Rougon........	1
—	L'Assommoir.................	1
—	Une page d'amour	1
—	Nana.....................	1
—	Pot-Bouille.................	1
—	Au Bonheur des Dames............	1
—	La Joie de vivre...............	1
—	Germinal...................	1
—	L'œuvre....................	1
—	Le capitaine Burle	1
—	Naïs Micoulin................	1
** —	Les Mystères de Marseille..........	1
—	Thérèse Raquin................	1
—	Madeleine Ferat................	1
—	La Confession de Claude..........	1
** —	Contes à Ninon................	1
** —	Nouveaux Contes à Ninon...........	1
—	En collaboration avec	
	G. DE MAUPASSANT, J.-K. HUYSMANS, LÉON HENNIQUE, H. CÉARD,	
	PAUL ALEXIS : Les Soirées de Médan..............	1
* DIVERS........	Carnet mondain pour 1883.........	1
* —	Le Livre des Têtes de Bois	1

HISTOIRE — GÉOGRAPHIE — CRITIQUE

AMAURY-DUVAL....	L'Atelier d'Ingres	1
ANDRÉ DANIEL.....	L'année politique, 1ʳᵉ à 13ᵉ ne......	13
BARBOU.........	Victor Hugo et son temps.........	1
BARDOUX........	Dix ans de vie politique..........	1
BAROT (ODYSSE)...	Hist. de la littérature contemp. en Angleterre.	1
BECQ DE FOUQUIÈRES.	Documents nouveaux sur André Chénier. .	1
—	Traité général de Versification française.	1
—	Traité de diction.............	1
—	Poètes français du XVIᵉ siècle.......	1
—	L'Art de la mise en scène	1
BIGOT (CHARLES)..	La fin de l'anarchie	1
BLANC (LOUIS) ...	Histoire de la Constitution	1
BOGDANOVITCH (Gᵃˡ).	La Bataille de Navarin............	1
BRACQUEMOND.....	Du Dessin et de la Couleur	1
BURTY (PHILIPPE)..	Maîtres et Petits Maîtres.........	1
CANONGE........	Histoire militaire contemporaine	2
—	Atlas d'histoire militaire contemporaine...	1
CHAMPION.......	La Philosophie de l'Histoire de France. .	1

		vol.
CHOTTEAU (LÉON) ..	Les Français en Amérique (1775-1783) ...	1
CLAIRIN (ÉMILE). ...	Le Cléricalisme de 1789 à 1870	1
COLLET et LE SENNE.	A propos d'André Chénier	1
COURRIÈRE.	Histoire de la littérature contemp. en Russie.	1
—	Hist. de la littér. contemp. chez les Slaves .	1
DEBIDOUR.	Études sur la Révolution, etc.	1
DESNOIRESTERRES. .	Épicuriens et Lettrés	1
DRUMONT........	Mon vieux Paris.............	1
** DUBOIS-CRANCÉ ...	Analyse de la Révolution française.	1
DUBOST (ANTONIN)..	Danton et la politique contemporaine ...	1
DU CAMP (MAXIME)..	L'Attentat Fieschi	1
DUQUET	Frœschwiller, Châlons et Sedan......	1
—	La Guerre d'Italie	1
DURANTY........	Le Pays des Arts	1
DURET (THÉODORE) .	Histoire de quatre ans (1870-1873) :	
—	Tome Ier. La chute de l'Empire	1
—	Tome II. La Défense nationale	1
—	Tome III. La Commune.........	1
—	Critique d'Avant-Garde	1
* EUDEL	L'Hôtel Drouot en 1881.........	1
* —	L'Hôtel Drouot et la curiosité en 1882 ...	1
* —	L'Hôtel Drouot et la curiosité en 1883 ...	1
* —	L'Hôtel Drouot et la curiosité en 1883-1884 .	1
* —	L'hôtel Drouot et la Curiosité en 1884-1885. .	1
* —	L'Hôtel Drouot et la curiosité en 1885-1886. .	1
—	Collections et Collectionneurs	1
—	La vente Hamilton............	1
* FIAUX (LOUIS)	Histoire de la guerre civile de 1871.....	1
* FLAMMARION (C.). ..	La Pluralité des mondes.	1
GALLI..........	L'Armée française en Égypte (1698-1801)...	1
GAUTIER (TH.)	Tableaux de siège.............	1
—	Histoire du romantisme	1
—	Portraits contemporains	1
—	Fusains et Eaux-Fortes	1
—	Tableaux à la plume...........	1
—	Les Vacances du lundi	1
—	Portraits et Souvenirs littéraires	1
GAUTIER (TH.)....	Le Guide de l'amateur au Musée du Louvre.	1
—	Souvenirs de théâtre, d'art et de critique. .	1
GAUTIER (JUDITH)..	Les Peuples étranges...........	1
GONCOURT (E. DE)..	La Maison d'un artiste au XIXe siècle ...	2
—	Mme Saint-Huberty	1
° GAMBETTA.......	Dépêches, circulaires, etc. (Tome Ier)....	1
GINISTY (PAUL).....	L'Année Littéraire (1886).	1
** GONCOURT (E. et J. DE).	La Femme au XVIIIe siècle.......	1
—	Histoire de Marie-Antoinette.......	1
—	Portraits intimes du XVIIIe siècle.	1
—	La Dubarry...............	1
—	Madame de Pompadour	1
—	La duchesse de Châteauroux et ses sœurs .	1
—	Les Actrices du XVIIIe siècle. Sophie Arnould.	1
—	Gavarni	1

		vol.
GONCOURT (E. et J. DE).	L'Art du dix-huitième siècle	3
—	Hist. de la Société franç. pend. la Révolution.	4
—	Hist. de la Société franç. pend. le Directoire.	
—	Pages retrouvées	1
—	La Lorette	1
HUBBARD (GUSTAVE).	Histoire de la littérature contemp. en Espagne	1
—	Histoire contemporaine de l'Espagne	6
HUYSMANS	L'Art moderne	1
IUNG	Bonaparte et son temps	3
—	Mémoires de Lucien Bonaparte	3
—	L'Armée et la Révolution	2
JULLIEN (ADOLPHE).	Airs variés	1
—	Histoire du Costume au théâtre	1
JURIEN DE LA GRAVIÈRE.	Guerres maritimes	2
LABOULAYE (E.)	Le Parti libéral	1
—	La Liberté religieuse	1
—	Études morales et politiques	1
—	L'État et ses limites	1
—	Études sur l'Allemagne	1
—	Histoire des États-Unis	3
—	Discours populaires	1
—	Nouveaux discours populaires	1
—	Questions constitutionnelles	1
LANFREY (P.).	Histoire politique des Papes	1
—	Etudes et Portraits politiques	1
—	Histoire de Napoléon Ier (5 vol. parus)	6
—	L'Église et les Philosophes	1
—	Essai sur la Révolution française	1
—	Chroniques politiques	2
LACHAUD.	Plaidoyers	2
LATOUR (A. DE).	Psyché en Espagne	1
LAURIER (CL.)	Plaidoyers et Œuvres choisies	1
LAVALLÉE (TH.)	Histoire des Français	6
—	Géographie	1
LAVIGNE (ERNEST).	Histoire du Nihilisme russe	1
LEFÈVRE (ANDRÉ).	Histoire de la Ligue d'union républicaine	1
LEGUÉ	Urbain Grandier et les possédées de Loudun.	1
LEROY-BEAULIEU (ANATOLE).	Un empereur, un roi, un pape, etc.	1
LOUANDRE (CH.).	La Noblesse française sous l'anc. Monarchie.	1
MAISTRE (J. DE)	Du Pape	1
MASSERAS	Un essai d'empire au Mexique	1
MICHAUD	Louis XIV et Innocent XI	4
MICHIELS (ALFRED).	Histoire secrète du gouvernem. autrichien	1
—	L'invasion prussienne en 1792	1
MUSSET (A. DE).	Mélanges de littérature et de critique	1
—	Œuvres posthumes	1
MUSSET (P. DE)	Biographie d'Alfred de Musset	1
NODIER (CH.)	Souvenirs de la Révolution et de l'Empire.	2
NOEL et STOULLIG.	Annales du théâtre, 1re à 12e année	12
O'NEDDY (PHILOTHÉE).	Œuvres en prose	1

		vol.
PILLAUT (LÉON)	Instruments et musiciens	1
POLLIO	Le bataillon du 10 août 1792	1
PONNAT (BARON DE)	Hist. des var. et contrad. de l'Église romaine	2
PORTALIS (ED.)	Deux Républiques	1
PROTH (MARIO)	Depuis 89	1
*REINACH	Les Récidivistes	1
—	Le ministère Gambetta	1
—	Le ministère Clémenceau	1
—	La logique parlementaire	1
RENAUD (ALPHONSE)	Histoire nouvelle des arts et des sciences	1
RIGAUD (H.)	Conversations littéraires et morales	1
ROUX (A.)	Histoire de la littérature contemp. en Italie	1
SAINT-MARC GIRARDIN	Cours de littérature dramatique	5
—	Essais de littérature et de morale	2
—	Jean-Jacques Rousseau	2
SAINTE-BEUVE	Tableau hist. et critiq. de la poésie franç., etc.	1
*SARDOU	L'heure du spectacle	1
SILVESTRE (THÉOPHILE)	Les Artistes français	1
SOURY	Portraits du XVIIIe siècle	1
—	Philosophie naturelle	1
STAEL (Mme DE)	De l'Allemagne	1
—	De la Littérature, etc.	1
—	Considérations sur la Révolution française	2
STEENACKERS	Les Postes et les Télégraphes	1
STEENACKERS et LE GOFF	Hist. du gouvern. de la défense nation.	3
SYLVANECTE	Souvenirs de la Cour impériale à Compiègne	1
*THEURIET (ANDRÉ)	Bastien-Lepage (J.), l'homme et l'artiste	1
VIEIL-CASTEL	Essai sur le théâtre espagnol	2
*VIGNY (A. DE)	Journal d'un poète	1
*VITU	Le jargon du XVe siècle	1
WALLON (JEAN)	Le clergé de quatre-vingt neuf	1
WILDER (VICTOR)	Mozart, l'homme et l'artiste	1
—	Beethoven, sa vie et son œuvre	1
*ZOLA	La République et la Littérature	1
—	Mes haines	1
—	Le roman expérimental	1
—	Le naturalisme au théâtre	1
—	Nos auteurs dramatiques	1
—	Les Romanciers naturalistes	1
—	Documents littéraires	1
—	Une Campagne	1

ÉCONOMIE POLITIQUE ET SOCIALE, etc.

AIMÉ MARTIN	L'Éducation des Mères de famille	
BERT (PAUL)	La Morale des Jésuites	1
—	Leçons, Discours et Conférences	
—	Discours parlementaires	2

		vol.
BIGOT (CHARLES)...	Les Classes dirigeantes............	1
CHÉNIER (ANDRÉ)...	Œuvres en prose................	1
CONSTANT (B.)....	Œuvres politiques...............	1
DESMAZE.......	La Médecine légale..............	1
—	Le crime et la débauche à Paris.....	
DESMOULINS (CAMILLE).	Œuvres choisies...............	2
FRANCE (HECTOR)..	L'Armée de John Bull............	1
*GAMBETTA (LÉON)..	Discours et Plaidoyers politiques......	11
—	— Édition in-18....	1
GUYOT (YVES)....	La Prostitution...............	1
—	La Police.................	1
—	La Traite des Vierges...........	1
LABOULAYE (ED.)...	Le parti libéral...............	1
—	Liberté religieuse..............	1
—	Études morales...............	1
—	L'État et ses limites............	1
—	Discours populaires.............	1
—	Questions constitutionnelles.........	1
LANFREY (P.)....	Études et Portraits politiques........	1
—	Lettres d'Everard..............	1
LEROY-BEAULIEU (P.).	La question ouvrière au dix-neuvième siècle.	1
—	Le travail des femmes au dix-neuvième siècle.	1
MACÉ.........	La Police parisienne. Le Service de la sûreté.	1
—	Mon premier crime.............	1
—	Un Joli Monde...............	1
MAISTRE (J. DE)...	Du Pape...................	1
NOEL (OCTAVE)..	Autour du Foyer..............	1
—	Études sur l'organisation financière....	1
PANGE........	Œuvres (1789-1796).............	1
SPULLER (ED.)....	Nouvelles Conférences populaires.....	1
STAEL (Mᵐᵉ DE)....	De la Littérature..............	1
—	Considérations sur la Révolution française.	2

VOYAGES

ARÈNE (JULES)....	La Chine familière.............	1
BADIN.........	Saint-Pétersbourg et Moscou........	1
BOURDE (PAUL)...	A travers l'Algérie.............	1
CARLA SÉRENA (Mᵐᵉ).	Les hommes et les choses en Perse....	1
	Seule dans les steppes...........	1
CHARMES (GABRIEL).	Cinq mois au Caire............	1
COTTEAU (EDMOND).	Promenades dans les deux Amériques...	1
DUTEMPLE (ED.)...	En Turquie d'Asie.............	1
ERNOUF........	Du Weser au Zambèze...........	1
FERRY (G.)......	Scènes de la vie sauvage au Mexique...	1
FOURNEL (VICTOR)..	Voyages hors de ma chambre........	1
FRESCALY (Lieutenant Palat).	Journal de route.............	1

		vol.
GAUTIER (TH.)	Voyage en Russie	1
—	Voyage en Espagne	1
—	Voyage en Italie	1
—	L'Orient	2
—	Constantinople	1
—	Loin de Paris	1
GAUTIER FILS (TH.)	Entre Biarritz et Saint-Sébastien	1
GÉRARD DE NERVAL	Voyage en Orient	2
GOURDON (MAURICE)	A travers l'Aran	1
GUIMET	Promenades Japonaises	1
—	Tokio-Nikko. — Promenades Japonaises. T. 2.	1
JEANNEST (CH.)	Quatre années au Congo	1
LEMAY (GASTON)	A bord de *la Junon*	1
LEPIC	La dernière Egypte	1
MICHELET (J.)	La Montagne	1
MONTEIL (EDGAR)	Le Rhin allemand	1
REINACH (JOSEPH)	Voyage en Orient	2
SIMONIN	Le Grand-Ouest des États-Unis	1
—	A travers les États-Unis	1
THOMAS-ANQUETIL	Aventures et chasses dans l'Extrême-Orient	3
	1re partie. Hommes et bêtes	1
	2e partie. Le sport de l'éléphant	1
	3e partie. La chasse au tigre	1
VALLÈS (JULES)	La rue à Londres	1
VILBORT	En Kabylie	1
WEISS (J.-J.)	Au pays du Rhin	1

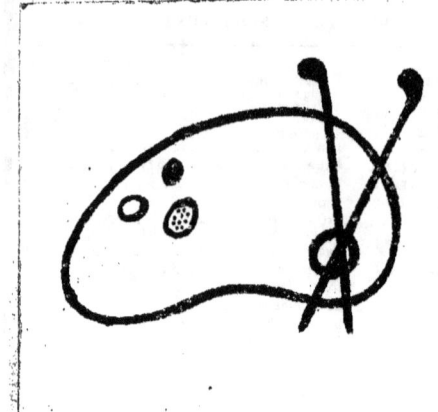

www.ingramcontent.com/pod-product-compliance
Lightning Source LLC
Chambersburg PA
CBHW052044230426
43671CB00011B/1786